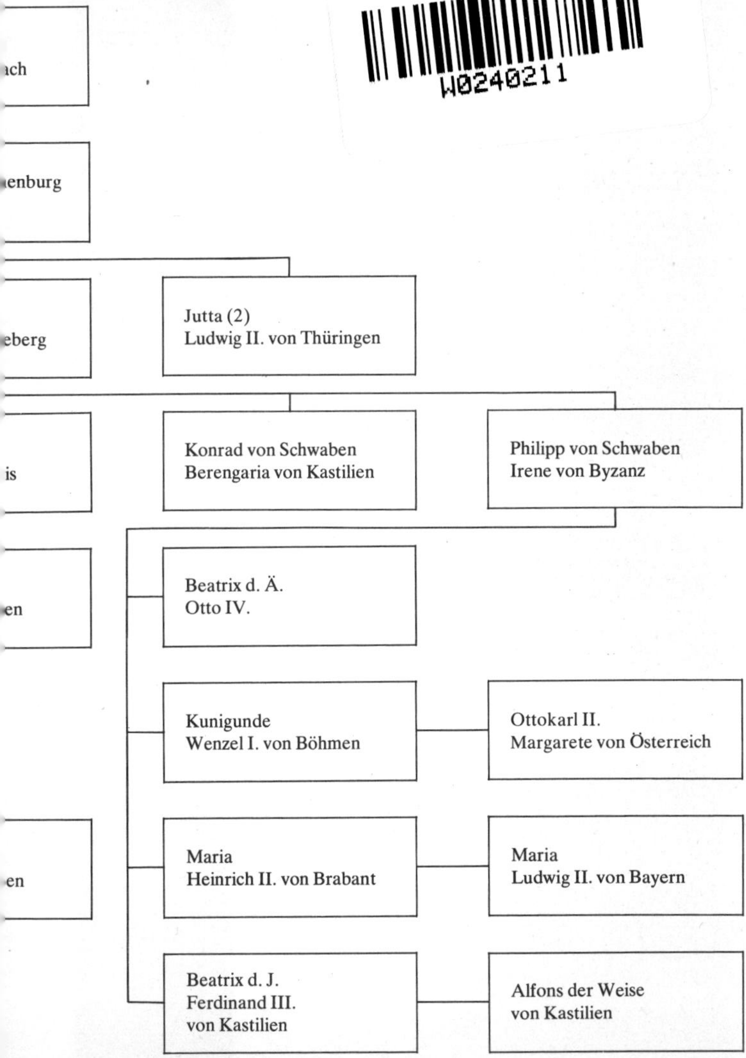

ach
enburg
eberg
Jutta (2)
Ludwig II. von Thüringen
is
Konrad von Schwaben
Berengaria von Kastilien
Philipp von Schwaben
Irene von Byzanz
en
Beatrix d. Ä.
Otto IV.
Kunigunde
Wenzel I. von Böhmen
Ottokarl II.
Margarete von Österreich
en
Maria
Heinrich II. von Brabant
Maria
Ludwig II. von Bayern
Beatrix d. J.
Ferdinand III.
von Kastilien
Alfons der Weise
von Kastilien

Josef Mühlberger

# Lebensweg und Schicksale der staufischen Frauen

JOSEF MÜHLBERGER

# LEBENSWEG UND SCHICKSALE DER STAUFISCHEN FRAUEN

BECHTLE

*Bild auf dem Schutzumschlag:*
Agnes, Tochter Kaiser Heinrichs IV., in erster Ehe vermählt mit Herzog Friedrich I. von Schwaben, in zweiter Ehe mit dem Markgrafen Leopold III. von Österreich. Glasfenster in der Leopoldskapelle des Stiftes Klosterneuburg, Österreich.

2. Auflage 1977
© 1977 by Bechtle Verlag, Esslingen am Neckar
Alle Rechte vorbehalten
Umschlaggestaltung: Christel Aumann, München
Gesamtherstellung: Bechtle-Druck, Esslingen
Printed in Germany 1977
ISBN 3-7628-0373-0

*Inhaltsverzeichnis*

## *Hildegard von Egisheim*
### *Gemahlin Friedrichs von Büren*

Als die Stammeltern des hohenstaufischen Geschlechts gelten Friedrich von Büren (um 1025 – 1094) und Hildegard von Egisheim (um 1025 – 1095). Hildegard hat durch ihre verwandtschaftlichen Verbindungen und den elsässischen Erbbesitz, wohl auch durch ihre Persönlichkeit, den Weg zum ersten Aufstieg des staufischen Geschlechts vom edelfreien Grundherrn zum ersten Herzog von Schwaben geebnet.

Hildegards mütterliche Vorfahren stammen – soweit die heutigen Erkenntnisse – aus dem elsässischen Geschlecht der Grafen von Egisheim. Ihr Vater war Herzog Otto II. von Schwaben (gestorben 1047), ihr Großvater der lothringische Markgraf Ezzo. Die Eltern von Hildegards Großmutter Mathilde waren Kaiser Otto II. und die griechische Prinzessin Theophano. Hildegard war die Nichte des Grafen Bruno von Egisheim-Dagsburg, Bischofs von Toul und späteren Papstes Leo IX., mit dem, gefördert durch Kaiser Heinrich II., der Aufstieg des Papsttums begann. Neben diesen bedeutsamen verwandtschaftlichen Beziehungen zum salischen Kaiserhaus brachte Hildegard den Staufern ansehnliche

Erbgüter ein, durch welche sie dem Elsaß enger verbunden wurden als Schwaben.

In Friedrich von Büren und Hildegard von Egisheim verband sich das Erbe zweier kraftvoller und aufstrebender Geschlechter.

Der Ehe Friedrichs von Büren und Hildegards von Egisheim entstammten fünf Söhne und eine Tochter. Der älteste Sohn Friedrich (um 1050 — 1105) ist der einzige, der das Geschlecht weiter fortpflanzte. Er führte die Staufer auf ihren ersten Höhepunkt, indem Kaiser Heinrich IV. ihn für seine erwiesenen Dienste auf dem Reichstag zu Regensburg 1079 zum Herzog von Schwaben machte und ihm seine Tochter Agnes verlobte. Das Jahr 1079 ist also der erste Kulminationspunkt in der Geschichte der Staufer.

Der zweite Sohn aus der Ehe Friedrichs von Büren und Hildegards war Otto, der Bischof von Straßburg wurde und an der Machtstellung der Staufer im Elsaß mitwirkte. Der dritte Sohn Ludwig war kurze Zeit rheinischer Pfalzgraf; er erbaute 1080 die Burg Staufeneck. Die beiden letzten Söhne waren Walter und Konrad. Die einzige Tochter Adelheid (um 1050 — 1094) war an der Stiftung der Kirche durch ihre Mutter in Schlettstadt beteiligt.

Hildegard hatte die Standeserhöhung ihres Sohnes und seine Vermählung mit Agnes, der Tochter Kaiser Heinrichs IV. erlebt; sie überlebte ihren Gatten und zog sich aus Schwaben in ihre elsässische

Heimat zurück. Um 1087 begann sie in Schlettstadt mit dem Bau einer Kirche. (728 stand hier der merowingische Königshof Selestat, der später eine Kaiserpfalz wurde; der französische Name für Schlettstadt ist Sélestat.)

Hildegard muß, was auch bei ihren Kindern und ihrer Verwandtschaft deutlich wird, eine tiefreligiöse Frau aus dem Geist von Cluny als innere Erneuerung der verweltlichten Kirche gewesen sein. Es ist auch der Geist ihres Oheims, des Grafen Bruno von Egisheim-Dagsburg, der als Papst Leo IX. »zu den reinsten Gestalten der Papst- und Weltgeschichte gehört«. (Hans Kühner) Die fromme Gesinnung der Hildegard findet ihren sichtbaren Ausdruck im Bau der Kirche in Schlettstadt und der dazu gehörenden Stiftung.

1092 waren die Söhne Hildegards, Otto, Friedrich und Konrad, von einer Pilgerfahrt nach Santiago di Compostella zurückgekehrt; 1094 kamen aus Conques (Central Massiv), einer wichtigen Station auf dem Pilgerweg, Mönche an die Kirche in Schlettstadt. Damals wurden auch die Reliquien der hl. Fides (Sainte Foy) aus Conques nach Schlettstadt gebracht. Fides wurde neben Odilie zur elsässischen Landesheiligen. (Die dreizehnjährige Fides wurde nach der Legende wegen ihres standhaften Christenglaubens unter Maximinian Herkuläus 307 auf einem glühenden Rost gemartert und im französischen Agen-Garonne enthauptet. Aus Agen kamen die Reliquien 855 nach Conques, von dort 1094 nach Schlettstadt.)

Die heutige Kirche mit den zwei viereckigen Fassadentürmen und dem achteckigen Vierungsturm – eines der schönsten romanischen Bauwerke im Elsaß – hat mit der von Hildegard erbauten Kirche wenig zu tun. Die Kirche der Hildegard war ein runder oder achteckiger Bau im Bereich der heutigen Apsis, mit einer dem Grab Christi nachgebildeten Krypta, die als Grablege bestimmt war. Es wird vermutet, daß Hildegard hier 1095 bestattet wurde. (Kloster Lorch wurde erst 1102 durch ihren Sohn Friedrich I. Herzog von Schwaben, als staufische Grablege gegründet.)

Die Kirche wurde von Hildegards Sohn Otto, dem Bischof von Straßburg, geweiht; aus dem Jahr 1095 stammt eine Dotation an die Kirche von den Söhnen Otto, Friedrich, Ludwig und Walter. Die Staufer haben sich bis zu ihrem Ende der Kirche angenommen, blieben sich also ihrer bedeutenden Ahnin in ihrer Erinnerung und Verehrung bewußt. Sie haben die Kirche und den Konvent bestätigt und ausgebaut: 1153 Herzog Friedrich II., Herzog von Schwaben, Kaiser Friedrich I. Barbarossa, nach der Eroberung von Mailand 1162, schließlich Kaiser Friedrich II., der 1217 Schlettstadt zur Reichsstadt erhob.

Bei der Renovierung der Kirche 1892 wurde ein aufsehenerregender Fund gemacht: »Der Naturabguß einer Frauengestalt, der dadurch entstanden war, daß die Leiche sogleich nach dem Tod mit Kalkmörtel übergossen worden war. Indem dieser erstarrte, bewahrte er die Konturen der Vorderseite wie das Negativ einer Totenmaske, während Hinterhaupt und Rücken nicht mit abgeformt wurden. Der Abguß, der von dieser Kalkhülle genommen wurde, zeigt das längliche, etwas hagere Antlitz einer etwa 35 bis 45 Jahre alten Frau mit feinen, sehr edlen Zügen. Während die Kleidung auf das 11. oder 12. Jahrhundert zu schließen erlaubt, läßt eben die Altersbestimmung nicht zu, in der Toten die Stammmutter der Staufer, Hildegard, zu erkennen, die im Alter von 70 Jahren vermutlich an der Pest gestorben ist. Wohl aber darf man in der Frauengestalt von St. Fides die Tochter Hildegards sehen, Adelheid, die von ihrer Mutter in der Stiftungsurkunde für das Kloster genannt wird und gleich ihr der Seuche erlegen sein mag.« (Erich Maschke)

Um diese einzige lebensgetreue Gesichtsmaske eines mittelalterlichen Menschen entstanden Meinungsverschiedenheiten, ob es sich dabei um Hildegard selbst oder ihre Tochter Adelheid handle. Die Freunde und Verehrer der Staufer sahen und sehen in der Büste das Abbild der Stammutter des Geschlechts; dem wurde widersprochen. Die Franzosen sprechen von der Belle Inconnue de Sélestat.

Wie dem immer sein mag! Das Antlitz eines Menschen aus dem geschichtlich greifbaren Anfang des staufischen Geschlechts hat sich erhalten. Es ist voll Hoheit und Würde, Ernst, Strenge und Milde. Es ist nicht schwierig an den halbwegs authentischen Bildern von staufischen Menschen zu erkennen, daß sich das Gesicht aus der Frühzeit der Staufer in der Folgezeit erhalten hat, deutlich in der Figur der Beatrix von Schwaben, einer Tochter König Philipps und der Irene von Byzanz, in der Kathedrale von Burgos, am Kopf vom Reiterstandbild aus Bareletta Friedrichs II., aber auch in den Beschreibungen staufischer Menschen durch zeitgenössische Annalisten und Chronisten. Auch auf den Bamberger Reiter mag hingewiesen werden. Den weithin ausgreifenden Deutungen, wen er vorstellen oder für wen er geschaffen worden sein mag, stehen Tatsachen gegenüber, die unmittelbar auf die Staufer hinweisen.

Jenseits solcher Erwägung verkörpert der Bamberger Reiter das männliche Ideal der Zeit, und das war nach dem Vorbild der Staufer geprägt. In der Schlettstädter Porträtbüste können wir das weibliche Gegenstück zum Bamberger Reiter sehen, das Antlitz einer Frau jener Art, welche die Dichter der Zeit verehrend besungen haben.

Aus dem Schattendunkel der staufischen Frühzeit taucht dieses Frauenantlitz auf. Neben all den Eigenschaften, die aus ihm abzulesen sind und die der Zeit als Ideal galten, ist deutlich erkennbar der Zug einer unbeirrten Frömmigkeit. Diesem Zug begegnen wir späterhin bei vielen staufischen Frauen, ob sie nun aus dem Geist der Renovatio des Christentums, aus dem Geist von Cluny oder später dem der Imitatio Christi aus dem Geist des hl. Franziskus und der hl. Clara lebten. Während die geistlichen und weltlichen Großen, Papst und Kaiser voran, sich in endlosen Kriegen um Vormachtstellungen aufrieben und das Christentum an den Rand der Veräußerlichung trieben, lebten die Frauen aus inneren, irdischem Streit enthobenen religiösen Bereichen.

Eine Enkelin der Hildegard von Egisheim, Bertha (geboren um 1088), die Tochter Friedrichs I., Herzogs von Schwaben, und der Agnes, Tochter Kaiser Heinrichs IV., lebte und wirkte im Geist ihrer Großmutter. Sie wurde in zahlreichen Legenden als Heilige verehrt.

Sie wurde um 1102 mit dem Grafen Adalbert von Elchingen (bei Ulm) vermählt, der das Benediktiner-Kloster Elchingen gründete; Bertha selbst gilt als Gründerin des Chorherrenstiftes in Boll, dessen Grundmauern 1951 entdeckt wurden.

In zweiter Ehe war Bertha von Boll (seit 1122) mit dem Grafen Heinrich II. von Berg verheiratet; dieser starb 1138 im Benediktiner-Kloster Zwiefalten.

## *Agnes, Tochter Kaiser Heinrichs IV.*
### *Gemahlin Friedrich I. Herzogs von Schwaben*

Frauen sind es, die den Aufstieg der frühen Staufer nicht nur begleitet, sondern entscheidend beeinflußt haben. Hildegard von Egisheim brachte den Herren von Büren neben Gebietszuwachs jene Standeserhöhung, durch die das Geschlecht in den Kreis der salischen Kaiser trat; Agnes, die Tochter Kaiser Heinrichs IV. und der Bertha von Savoyen, brachte den Staufern die Herzogswürde ein und machte sie königswürdig.

Die Staufer gewannen solche Frauen nicht von ungefähr, sondern durch ihr Ansehen und ihre Tüchtigkeit, die gerade in jener Zeit das bislang ruhmlose Geschlecht ins Tageslicht der Geschichte rückten.

Friedrich I. (von 1050 bis 1105), der als Sohn Friedrichs von Büren und der Hildegard von Egisheim fünf seiner Geschwister überlebt hatte, wurde als »hochgerühmt durch Klugheit, Sitten und Anstand« beschrieben. Er erwies sich als ein gradliniger und entschlossen handelnder Mann in seiner Treue zu Kaiser Heinrich IV. bei dessen Kämpfen mit der Kurie (Investitionsstreit), gegen abtrünnige Fürsten und gegen den eigenen Sohn. 1077 hat Friedrich den Kaiser nach Canossa begleitet. Durch

Friedrichs Einsatz in der Schlacht von Mellrichstadt, in welcher Heinrich IV. 1078 den Gegenkönig Rudolf von Rheinfelden besiegte, ernannte der Kaiser Friedrich zum Herzog von Schwaben und gab ihm seine Tochter Agnes zur Frau. Das geschah 1079 in Regensburg mit den Worten des Kaisers, die der Bischof Otto von Freising, ein Halbbruder Friedrichs II., überliefert hat: »Wackerer Mann, den ich vor allen immerdar als den treuesten und tapfersten befunden habe, du weißt, wie im Römischen Reich die Frevel überhand nehmen, wie durch des Teufels Einwirkung empörerische Verbindungen für heilig gelten, während Gottes Gebot, die Obrigkeit zu ehren, verachtet und mit Füßen getreten wird. So wie bisher kämpfe auch künftig gegen dieses verderblichste aller Übel, und als Beweis, wie sehr ich deine früheren Verdienste anerkenne und den künftigen vertraue, gebe ich dir meine einzige Tochter Agnes zum Weibe und das Herzogtum Schwaben zur Mitgift.«

Es kann sich damals nur um eine Verlobung gehandelt haben; wann die Vermählung stattfand, wissen wir nicht.

Der zum Herzog Ernannte erbaute sich, wohl an der Stelle einer bescheidenen Burganlage, um 1088 die Burg auf dem Hohenstaufen, der dem Geschlecht den Namen gab.

Agnes (geboren 1072/1073) wird von den Chronisten als fromm, von gleichmäßiger Güte und berühmt durch angeborene Tugenden charakterisiert. Dieses Lob ist im Hinblick auf ihr weiteres Leben gerechtfertigt.

Ihre Mutter ist Bertha, die Tochter der Markgräfin Adelheid von Turin.

Die Kinder aus der Ehe Friedrichs I. mit Agnes sind Friedrich II., Herzog von Schwaben, Konrad III., der erste staufische König, und Gertrud, die, vermählt mit dem Pfalzgrafen Hermann von Stahleck, 1156 kinderlos starb.

Am 6. April 1105 starb Friedrich I. und wurde in dem von ihm 1102 als staufische Grablege gegründeten Kloster Lorch bestattet. Ein Jahr danach heiratete Agnes den später heiliggesprochenen Markgrafen Leopold III. von Österreich.

Der zweiten Ehe der Agnes entstammen 18 Kinder, von denen sieben jung starben. Nur auf einige sei hingewiesen.

Der eine Sohn, Leopold IV., Markgraf von Österreich und Herzog von Bayern, starb kinderlos, weswegen die Nachfolge auf seinen Bruder Jasomirgott, Heinrich II., überging. Der dritte Sohn ist der Bischof Otto von Freising. Die Tochter Agnes war vermählt mit Wladislaw II., Herzog von Krakau und Schlesien, die andere Tochter Judith (Julietta) mit Wilhelm IV., dem Markgrafen von Monferrat. Über ihren Bruder Heinrich V. war Agnes durch dessen Gemahlin Mathilde mit dem englischen König Heinrich I. von England verschwägert.

Agnes überlebte auch ihren zweiten Gemahl, der 1136 starb. Sie starb mit 70 Jahren am 24. September 1143 und wurde in dem von ihrem Gatten gegründeten Augustinerchorherrenstift in Klosterneuburg bestattet.

(Als die Babenberger 1246 im Mannesstamm ausstarben, trat Österreich in den Vordergrund der staufischen Politik durch Margarete, die Schwester des letzten Herzogs von Österreich; sie war mit König Heinrich [VII.] von Hohenstaufen vermählt.)

Durch die Ehe der Agnes mit Friedrich I., Herzog von Schwaben, wurde der Weg zur geschichtlichen Größe der Staufer geebnet. 1138 wurde ihr zweiter Sohn Konrad III. der erste König des Geschlechts.

## *Gertrud von Sulzbach*
### *Gemahlin König Konrads III.*

Gertrud von Sulzbach ist wie ihr Gemahl Konrad III. nur wenig ins Bewußtsein des Volkes eingegangen. Die Größe und der Glanz der ihnen Nachfolgenden, Kaiser Friedrich I. Barbarossa und der Beatrix von Burgund, überragen und überstrahlen sie. Konrad waren trotz seiner großen Fähigkeiten dauernde Erfolge nicht beschieden. Dennoch ist er, der erste König des staufischen Geschlechtes, die Vorstufe für den Aufstieg der drei folgenden Kaiser: Friedrichs I. Barbarossas, Heinrichs VI. und Friedrichs II. – die drei Berge in der Landschaft der staufischen Geschichte.

Als mit Kaiser Heinrich V., dem Sohn des den Staufern gewogenen Heinrich IV., 1125 die Salier ausstarben, wurde als deren Nachfolger Friedrich II., Herzog von Hohenstaufen als Enkel Heinrichs IV. erwartet. Gewählt wurde Lothar von Sachsen-Supplinburg, gegen den schon 1227 Konrad, der andere Enkel Heinrichs IV., als Gegenkönig auftrat. Schließlich wurde Konrad nach dem Tod Lothars von Supplinburg 1138 aus Abneigung gegen den zu mächtigen Welfen Heinrich den Stolzen in Koblenz zum König gewählt.

Konrad wird als ritterliche Erscheinung beschrieben, von edler Gestalt, ein tüchtiger Kriegsmann, leutselig und gesellig, fröhlich und zugleich mit Anwandlungen zu Frömmelei und Reuegefühlen. Seine Regierungszeit war ausgefüllt mit Auseinandersetzungen und Kriegen gegen die Welfen, dem erfolglosen Zweiten Kreuzzug, den er nach einer zündenden Predigt Bernhards von Clairvaux im Dom von Speyer gelobt hatte. In seiner Begleitung befanden sich der junge Herzog Friedrich von Schwaben, der spätere Kaiser Friedrich I. Barbarossa, der als Greis beim Dritten Kreuzzug in Kleinasien sein Leben verlor, und Konrads Halbbruder, der Bischof Otto von Freising.

Gebrochen und krank aus dem Heiligen Land wieder daheim, nahm Konrad von neuem den Kampf gegen Heinrich den Löwen auf, der vorzeitig vom Kreuzzug nach Deutschland zurückgekehrt war. Als Konrad 1152 mit fünfzig Jahren zermürbt und enttäuscht starb, »stand er fast genau da, wo er begonnen hatte«. (Karl Hampe) Er starb in Bamberg und wurde dort im Dom bestattet.

Vor dem Hintergrund dieser ruhelosen Zeit und neben dem glücklosen Mann ist die Gestalt seiner Gattin zu sehen, deren Halt ihre tiefe Frömmigkeit war.

Der Vater Gertruds von Sulzbach war der Graf Berengar I., ihre Mutter, die dritte Gemahlin Berengars, Adelheid von Wolfratshausen. Sie ist eine von fünf Schwestern, von denen Bertha (Irene) mit dem Kaiser von Byzanz, Manuel I., vermählt war.

Das Geschlecht derer von Sulzbach ist seit dem 11. Jahrhundert bekannt, war mächtig in Ostfranken und im bayrischen Nordgau und im Besitz der Hauptvogtei des Bistums Bamberg, dem sich Konrad eng verbunden fühlte. Graf Berengar I. wie sein Sohn Berengar II. waren getreue Gefolgsleute Friedrich Barbarossas. Berengar II. ist in dessen Heer 1167 in Rom an der grassierenden Seuche gestorben.

Der erstgeborene Sohn Konrads und Gertruds, Heinrich (1137 – 1150), der vor der Kreuzfahrt des Vaters zehnjährig zum König gewählt und gekrönt worden war, starb schon im Alter von dreizehn Jahren.

Auch der zweitgeborene Sohn Friedrich, Herzog von Rothenburg und Schwaben (1145 – 1167), starb mit 22 Jahren. Den Achtzehnjährigen hat Acerbus Morena, der Chronist von Lodi, in einer seiner ausgezeichneten Charakteristiken festgehalten: »Er war groß für sein Alter, tapfer, ruhmbegierig, gut gebaut, breit und stämmig, hellhäutig, schön und wohlgestalt, heiter und fröhlich, mit gleichsam weißem und lockigem Haar.« Er war also ein echter Staufer bis auf sein Körpermaß; die Staufer waren durchweg nur mittelgroß. Vielleicht ist seine Größe ein Erbteil der Mutter.

Seine Tapferkeit wurde schon als Bannerträger

im Heer Friedrich Barbarossas beim Sturm auf die Tore Mailands (1162) hervorgehoben. Im Kampf gegen Rom wird ihm allerdings Kirchenschändung vorgeworfen, auch sein Trotz gegen den Vater ist ein staufischer Zug, der sich später bei Heinrich (VII.) in der Rebellion gegen den Vater Friedrich II. unheilvoll auswirken sollte. Rücksichtslosigkeit, ja Grausamkeit, erschrecken dann an Kaiser Heinrich VI. Konrads Sohn Friedrich weigerte sich, den vom Kaiser geforderten Eid gegen Papst Alexander III. zu leisten, und er scheint, wohl gegen die Absicht des Vaters, 1166 Gertrud, die Tochter Heinrichs des Löwen und der Klementia von Zähringen geheiratet zu haben.

Die Anlagen des ungestümen jungen Mannes gelangten nicht zur Reife. Im Alter von 22 Jahren wurde er in Rom im Heer Friedrich Barbarossas ein Opfer der verheerenden Seuche. Da er kinderlos geblieben war, starb mit ihm die Familie Konrads III. aus. (Seine Gemahlin Gertrud heiratete in zweiter Ehe Knut VI. von Dänemark.)

Der Widerstand gegen den Vater mochte der Grund dafür gewesen sein, daß dieser vor dem Sterben nicht ihn, sondern seinen Neffen Friedrich, den späteren Kaiser Friedrich I. Barbarossa, zum Nachfolger vorgeschlagen hatte. Dieser Entschluß wurde die einzige große und entscheidende Tat Konrads genannt.

In das Leben und die Geschicke Konrads und seiner Söhne ist auch deren Mutter einbezogen, über die uns nur wenig bekannt ist. Von Konrad sind zwei Episoden in der Erinnerung des Volkes wachgeblieben, die Episode von den treuen Weibern nach der Eroberung der welfischen Burg Weinsberg durch Konrad (1140); die andere Anekdote: Konrad habe vor Damaskus einem Gegner mit einem Hieb Kopf, Hals und die linke Seite abgeschlagen, ist erfunden.

Für Gottfried von Viterbo war Konrad »im Rate ein Seneca, von Aussehen ein Paris, ein Hektor in den Waffen«.

Nach der Geburt des Sohnes Friedrich erkrankte Gertrud auf dem Wege zu ihrem Gatten; sie starb in Hersfeld 1146 im Alter von 36 Jahren. Sie ist also ihrem Gatten und beiden Söhnen im Tod vorausgegangen. Bestattet wurde sie in dem 1126 gegründeten, ehemals berühmten und sehr reichen Zisterzienserkloster Ebrach im Steigerwald, das sie wie viele andere Klöster reich beschenkt hatte. Hier ruht auch ihr Sohn Herzog Friedrich von Rothenburg.

## *Die Welfin Judith*

*Erste Gemahlin des Herzogs Friedrich II. von Schwaben*

*Mutter Kaiser Friedrichs I. Barbarossas*

Nach dem Tod Kaiser Heinrichs V., 1125, mit dem das salische Haus ausstarb, erhoffte Friedrich II. Herzog von Schwaben als Enkel Kaiser Heinrichs IV. seine Wahl zum König. Die Krone fiel Herzog Lothar von Sachsen-Supplinburg zu. Als dieser 1137 starb, mußte die Wahl zwischen Welfen und Staufern entschieden werden. Der sterbende Kaiser Lothar hatte die Reichsinsignien dem Welfen Heinrich dem Stolzen übergeben, womit er ihn zur Wahl vorschlug. Gewählt aber wurde 1138 in Koblenz der Staufer Konrad, der Bruder Herzog Friedrichs II. Konrad III. wurde der erste König aus dem staufischen Hause.

Warum Herzog Friedrich II. bei der Königswahl zugunsten seines jüngeren Bruders Konrad übergangen worden war, wissen wir nicht. Daß Friedrich, der durch einen Unfall oder im Kampf ein Auge verloren hatte, weswegen er »Einaug« genannt wurde, durch diesen körperlichen Fehler von der Wahl ausgeschlossen wurde, kann als Grund nur vermutet werden. Ein anderer Grund hätte gewesen sein können, daß sich Friedrich während der Abwesenheit König Heinrichs V. als Reichsverweser sehr ländergierig gezeigt und auch nach dem Reichsgut Nürnberg gegriffen hatte, was ihm die Reichsacht eingebracht. – Friedrich stand seinem zum König gewordenen Bruder Konrad III. im Kampf gegen die Welfen zur Seite, wie er ihn gegen Lothar von Supplinburg unterstützt hatte.

Herzog Friedrich II. widmete sich um so eifriger der Hausmacht seiner elsässischen und schwäbischen Besitztümer. Der Bischof Otto von Freising, sein Halbbruder, sagte von ihm: »Er ziehe am Schweif seines Rosses stets eine Burg nach sich« und zeichnete von ihm das folgende Charakterbild: »Der Herzog war im Kriege tapfer, in Geschäften gewandt, in Blick und Gemüt heiter, im Gespräch geistreich und mit Geschenken so freigebig, daß deshalb eine sehr große Menge Ritter bei ihm zusammenströmte und sich ihm zu Dienste anbot.« Wir erkennen diese Eigenschaften bei seinem Sohn Friedrich I. Barbarossa wieder.

Dieses Bild Herzog Friedrichs II. wird im Hinblick auf seine Nachfahren durch das seiner Gemahlin Judith ergänzt. Sie fügte dem staufischen Geschlecht Züge der Welfen hinzu, die in späteren Staufern, besonders in Kaiser Heinrich VI. und in dessen Sohn Kaiser Friedrich II., deutlich hervortreten: Hochmut, Stolz, leidenschaftliche Unberechenbarkeit und Härte bis zur Grausamkeit. Den Welfen fehlte die anziehende Heiterkeit und Lebensart der Staufer.

Judith (geboren um 1107 bis 1110) war die Tochter des welfischen Herzogs Heinrich des Schwarzen von Bayern und Sachsen und der Billungerin Wulfshild, Tochter des Herzogs Magnus von Sachsen. Sie war die Schwester Heinrichs des Stolzen. Die Bezeichnung Heinrich des »Schwarzen« kommt von der dunklen Haarfarbe der Welfen, einem Erbteil ihrer italienischen Vorfahren. Auch darin unterscheiden sie sich von den Staufern, deren helle Haarfarbe von allen Chronisten erwähnt wird.

Die Ehe zwischen Friedrich II. und Judith wurde zwischen 1120 und 1123 geschlossen. Sie dauerte zehn Jahre und wurde von dem charakterlichen und politischen Gegensatz zwischen Staufern und Welfen überschattet, wenngleich die Ehe mit der Absicht geschlossen worden war, zwischen beiden Häusern Frieden zu stiften. Die Kämpfe zwischen beiden entflammten nach dem Tod Heinrichs des Schwarzen (1126) und erreichten mit dessen Nachfolger, Heinrich dem Löwen, einen Höhepunkt.

Der Gemahl Judiths stand an der Seite seines Bruders König Konrad III. in diesem nur selten ruhenden Konflikt mit den nächsten Verwandten Judiths. Judith mag an diesem Zwiespalt gelitten haben. Sie starb um 1130, als der Kampf der beiden Geschlechter durch Heinrich den Stolzen unerbittlich wurde.

Die Kinder aus dieser Ehe waren ein Sohn und eine Tochter. Der Sohn wurde der erste staufische

Kaiser Friedrich I. Barbarossa. Die Tochter Judith, geboren 1120/1125, war seit 1139 mit Herzog Mattheus von Oberlothringen (1120—1176) vermählt. Die Quellen über ihr Leben sind karg. Sie wird als intrigant und ehrgeizig beschrieben, auch ihr Stolz scheint welfisches Erbe zu sein. Sie konnte sich, zumal sie ihren Gemahl um achtzehn Jahre überlebte und gestützt auf ihren kaiserlichen Bruder, mit ihrem ältesten Sohn Herzog Simon II. tatkräftig der Staatsgeschäfte annehmen, was die staufischen Frauen nicht taten. Sie brachte vier Söhne und drei oder vier Töchter zur Welt. Auch ihre lange Lebensdauer von 70 Jahren unterscheidet sie von den staufischen Frauen. Sie starb 1194/95.

## *Agnes von Saarbrücken*
### *Zweite Gemahlin des Herzogs Friedrich II. von Schwaben*

In zweiter Ehe vermählte sich Friedrich II. Herzog von Schwaben, mit Agnes, der Tochter des Grafen Friedrich von Saarbrücken.

Nicht einmal ihr Geburts- und Sterbedatum sind uns bekannt. Die Vermählung fand zwischen 1130 und 1135 statt. »Die Quellen wissen von ihr nichts zu überliefern«, heißt es bei Erich Maschke, aber es gibt eine Begebenheit, die Annalen und Chroniken aus dem Leben der Agnes berichten; sie zeigt Agnes als mutige und tapfere Frau.

Als Kaiser Lothar von Supplinburg im Kampf gegen die Staufer Speyer belagerte, befand sich Agnes in der vom Feind eingeschlossenen Stadt. »Daß Lothars Hoffnung auf Unterwerfung der Stadt nicht in Erfüllung ging, davon war die Ursache Agnes, Herzog Friedrich II. Gemahlin, eine geborene Gräfin von Saarbrücken. Sie begeisterte die Bürger für ihre und ihres Hauses Sache, sie nahm teil an allen Gefahren und Anstrengungen, sie ertrug gleich dem Geringsten Hunger und Blöße. Erst als es ganz an Lebensmitteln fehlte und Herzog Heinrich von Bayern (der Welfe) den zum Entsatz herbeieilenden Herzog Friedrich II. zurückdrängte, erst am 3. Januar 1130 ergab sich Speyer dem König Lothar gegen Bestätigung aller Rechte und Freiheiten. Auch Agnes ward von Lothar freigelassen, ja beschenkt; entweder weil Bestrafung des heldenmütigen Weibes unwürdig schien oder weil Milde eine Aussöhnung mit den Hohenstaufern vorbereiten sollte oder aus Gefälligkeit gegen den Erzbischof von Mainz, den Oheim der Herzogin Agnes.«

Aus der Ehe gingen zwei Kinder hervor, Konrad und Jutta (Claricia).

Konrad Pfalzgraf bei Rhein (um 1140–1195) gehört zu »den kriegerischen und tapferen Naturen, die sich unter den älteren Staufern allgemein finden«. Vincenz von Prag nannte ihn »von jugendlicher Zier und Tapferkeit«. Bei der Belagerung Mailands durch seinen Stiefbruder Friedrich Barbarossa 1158 führte er die erste Schlachtordnung des kaiserlichen Heeres. Acerbus Morena beschreibt ihn als kräftig, von mittelgroßer Statur und blond.

Er war vermählt mit Irmgard, einer Tochter des Grafen Berthold von Henneberg (um 1157–1205). Die Vermählung fand vor 1176 statt. Der Sohn aus dieser Ehe, Friedrich, starb früh. Die Tochter Agnes hatte sich gegen Ende 1193 gegen den Willen des Vaters, aber mit Hilfe der Mutter mit Heinrich von Braunschweig, einem Sohn Heinrichs des Löwen, mit dem sie schon als Kind verlobt worden war, heimlich vermählt.

Die Tochter aus der Ehe Herzog Friedrichs II. mit Agnes, Jutta (Claricia) (1136/39—1191), war mit dem Landgrafen Ludwig II. dem Eisernen von Thüringen (1140—1172) vermählt. Dieser schloß sich dem Stiefbruder seiner Frau, Friedrich Barbarossa, an und vertrat als dessen Gefolgsmann Barbarossas Politik. Seine Erscheinung ist von Sagen umwoben. Nach der älteren war Ludwig von seinen Vasallen so geliebt, daß sie die seiner Burg noch fehlende Mauer zum Staunen des Kaisers ersetzten, indem sie in eisernem Ring die Burg umstellten. Die andere Sage erzählt, Ludwig habe die Aufforderung des Schmieds von Ruhla: »Landgraf, werde hart!« beherzigt und sei gewalttätig gegen die unteren Stände vorgegangen.

Die Söhne Juttas und Ludwigs II. sind Ludwig III. der Milde, Landgraf von Thüringen und Hermann I. Dessen Nachfolger wurde Ludwig IV. der Heilige, der Gemahl der hl. Elisabeth.

## *Adela von Vohburg*
### *Erste Gemahlin Kaiser Friedrichs I. Barbarossas*

Die erste Ehe Friedrich Barbarossas mit Adela von Vohburg hätte nach heutigen Begriffen der Boulevardpresse Schlagzeilen eingebracht.

Adela (geboren zwischen 1110 und 1127) war die Tochter des Markgrafen Diepold II. von der Oberpfalz, dem Grenzland gegen Böhmen, das 1077 durch Kaiser Heinrich IV. dem ihm getreuen Diepold I. aus dem ehemaligen Nordgau erweitert worden war. Die Mutter Adelas war Adelheid, die Tochter des Herzogs Wladislaw I. von Polen. Die Diepoldinge waren schwäbischer Herkunft, standen als Grafen von Acerra und Herzöge von Spoleto im Dienst Barbarossas und starben 1204 aus.

Friedrich Barbarossa heiratete Adela um 1147, im März 1153 wurde die Ehe geschieden. Die Gründe, die Friedrich vorbrachte, waren fadenscheinig. Auch mit seiner zweiten Frau Beatrix von Burgund war er im selben Grad verwandt; als weiterer Scheidungsgrund wurde die Unfruchtbarkeit Adelas angeführt, schließlich wurde ihr, um das Maß der Beschuldigungen vollzumachen, Ehebruch vorgeworfen.

Die Ehe wurde zwar mit päpstlicher Erlaubnis getrennt, aber nicht geschieden, so daß Friedrich sich nicht wieder hätte verheiraten können. 1153 sprachen sich in Konstanz der Kardinal Johann Orsini und mehrere Prälaten für die Scheidung aus. Friedrich lag daran, Adela loszuwerden.

Adela heiratete in zweiter Ehe Dietho von Ravensburg, der 1179 als Ministeriale Barbarossas, ein Jahr später als Ministeriale der Welfen erwähnt wird. Er war der Ahnherr der Kämmerer von Ravensburg. Der Ehe entstammten Kinder.

Ein Nachkomme, Heinrich, wurde Dienstmann Konradins. Wann Adela, die in zweiter Ehe unter ihrem Stand geheiratet hatte, starb, ist unbekannt.

## *Beatrix von Burgund*
### *Zweite Gemahlin Kaiser Friedrichs I. Barbarossas*

Der wahre Grund der Scheidung Friedrichs I. Barbarossas von seiner ersten Frau Adela von Vohburg ist nicht schwierig zu erraten: Adela genügte seinen wachsenden Ansprüchen nicht. Was sie in die Ehe mitgebracht hatte, war nicht viel: Das Egerland mit der Stadt Eger, das schon Friedrichs Onkel König Konrad III. zum Verdruß der Diepoldinge ans Reich gebracht hatte. Welche Pläne Friedrich hegte, davon zeugen seine Bemühungen um eine zweite Ehe nach der Scheidung von Adela.

Er hätte kein Staufer sein dürfen, wäre sein Sinn nicht auf Festigung und Erweiterung der imperialen Macht gerichtet gewesen. Für eine zweite Ehe steckte er sein Ziel hoch. Sein Blick richtete sich auf Byzanz. Er warb bei Kaiser Manuel I. um Maria, die Tochter des Sebastokrators Isaak, eines Angehörigen der kaiserlichen Familie und hohen Würdenträgers. In kluger Weise spielte Friedrich auf Italien und vor allem auf das normannische Sizilien an, das die Byzantiner zurückzuerobern sich bemühten. Byzanz stellte zu hohe Anforderungen, auf die Friedrich nicht einging. Als eine neue Botschaft mit ihren Forderungen zurücksteckte, hatte sich Friedrich bereits für Beatrix von Burgund entschieden.

Burgund war eines der politisch und wirtschaftlich wichtigsten Lehensländer des Imperiums gewesen, doch der Zusammenhang mit dem Reich hatte sich in der Zeit der schwachen deutschen Könige gelockert. Verschiedene weltliche Herren und Prälaten, die sich unabhängig gemacht hatten, waren bemüht, den deutschen Einfluß ganz auszuschalten. In den Streitigkeiten der verschiedenen Pfalz- und Markgrafen um die Vorherrschaft in Burgund widersetzte sich die einzige Tochter und damit Erbin des Grafen Rainald III. von Burgund, Beatrix, ihrem Oheim Wilhelm, der sie kurzerhand in einen Turm sperren ließ, wo sie zugrunde gehen sollte, damit ihm das Erbe seines Bruders Rainald zufalle.

»Selbst wenn Beatrix beim Kaiser keine Hilfe suchte, hatte dieser die Pflicht, sich der unschuldig Verfolgten anzunehmen; so beschloß er nicht nur sie zu befreien, sondern die sehr schöne Erbin von Burgund zu heiraten.« (Raumer)

Die Absicht Friedrich Barbarossas ist deutlich: die dem Imperium verlorengegangenen Bausteine zurückzuerwerben und um neue zu vermehren. Das ist der Anfang der Weltreichpläne seines Sohnes Heinrich VI.

So war auch die Heirat mit Beatrix von Burgund eine politische Ehe, aber sie wurde glücklich, vielleicht die glücklichste innerhalb der staufischen Familie.

Viele Chronisten haben das Bild Friedrich Barbarossas überliefert; sie stimmen alle mit Acerbus Morena überein: »Der Kaiser war mittelgroß und von schöner Gestalt; er hatte gerade und wohlgeformte Gliedmaßen. Die helle Haut des Antlitzes war von rötlichem Schimmer übergossen, die Haare blond und lockig; sein Blick war heiter, so daß es schien, als ob er immer lachen wollte; er hatte weiße Zähne, sehr schöne Hände und einen schönen Mund.«

Einhellig ist auch das Bild, das uns von Beatrix überliefert wird: »Sie war von mittlerer Körpergröße, ihr Haar leuchtete wie Gold, das Antlitz war sehr schön, die Zähne weiß und wohl gestellt; sie hatte eine aufrechte Haltung, einen sehr kleinen Mund, einen bescheidenen Blick, helle Augen, und war züchtig in sanfter, einnehmender Rede; sie hatte sehr schöne Hände und einen zierlichen Körper.« (Acerbus Morena)

Diese Beschreibung ließ sich an dem Skelett der Beatrix im Dom zu Speyer nachprüfen.

Beatrix (geboren zwischen 1143 und 1147, gestorben 1184) war die Tochter des schon genannten Grafen Rainald III. von Burgund und der Agnes, Tochter des Herzogs Simon I. von Oberlothringen. Sie war nicht nur schön, sondern auch gebildet. Sie entstammte einer geistig hochstehenden Familie. Ihre Großmutter Adelheid von Lothringen hatte die Wissenschaften gefördert; die Schwester ihres Vaters, die Gattin des Dauphin von Vienne, war eine ausgezeichnete Lateinerin. Gautier von Arras, ein Zeitgenosse des Chrétien de Troyes, hat Beatrix sein Romanepos »Ille et Galeron« (um 1167 entstanden) gewidmet, ein Zeichen ihrer Verbundenheit mit der Dichtung und wohl auch mit den Dichtern ihres Landes und des romanischen Kulturkreises.

Friedrich Barbarossa war ihr an Bildung unterlegen; er verstand etwas Latein, sprach es aber nicht. Doch was zählte das vor seiner imponierenden Lebenskraft und Kunst zu regieren, seiner Leutseligkeit und Daseinsfreude, seinem hochgemuten und unbeugsamen Wesen, das allen Schicksalsschlägen zu trotzen wußte?

Die Hochzeit wurde am 10./17. Juni 1156 in Würzburg gefeiert. 600 Jahre später (1752) entstand Tiepolos Deckenfresko mit der Darstellung der Hochzeit Friedrichs mit Beatrix im Kaisersaal der Würzburger Residenz des Fürstbischofs zur Erinnerung an jene prunkvolle Vermählung.

Soweit ihn Regierungsgeschäfte, Züge nach Italien oder Kriege nicht abhielten, weilte Friedrich bei Beatrix. Auf Reisen begleitete sie ihn, bei allen Festlichkeiten war sie anwesend. Stiftungsurkunden wurden vom Kaiser und von ihr unterzeichnet. Friedrich galt seinen Zeitgenossen als Pantoffelheld.

Bei dem Fest in Pavia, nach der Eroberung und Zerstörung Mailands durch Friedrich Barbarossa (1162), war sie der Stern über dem herrlichen Gastmahl; sie und Friedrich trugen dabei die Kaiserkrone auf dem Haupt. Er wie sie liebten ein festliches Leben. 1177 erlebte Beatrix anläßlich des Friedensschlusses in Venedig den prachtvollen Gottesdienst in der Markuskirche, wo sie der Papst, die Kardinäle und zahlreiches Volk erwartet hatten. Von Venedig reiste sie mit Friedrich und ihrem Sohn Heinrich über Ravenna und Spoleto durch Tuszien nach Pisa, wo sie feierlichst empfangen wurden. Die Reise ging weiter nach Arles, wo Friedrich zum König des Arelats gekrönt wurde, dann nach der Reichsstadt Besançon, wo die burgundischen Angelegenheiten geregelt wurden.

Es könnte verlocken, den Bericht über eine der großen Schlachten Friedrichs I. Barbarossas einzufügen; doch diese haben mit Beatrix wenig zu tun. Barbarossa liebte nicht nur die großen Schlachten, er war gleichermaßen großen Festen zugetan. Zu diesen Festen gehörte als glanzvoller Mittelpunkt Beatrix.

Ein Höhepunkt der Manifestation als Honor imperii, wie Friedrich Barbarossa genannt wurde, war das Reichsfest im Mai 1184 in Mainz, anläßlich der Schwertleite seiner ältesten Söhne Friedrich und Heinrich; Heinrich, der spätere Kaiser Heinrich VI., war schon 1169 vierjährig zum deutschen König gewählt und gekrönt worden. Die Zahl derer, die jenseits der weltlichen und geistlichen Großen und Würdenträger zu dem Fest geströmt waren, betrug fast eine halbe Million. Arnold von Lübeck berichtet: »Im Jahr 1184, um Pfingsten, hielt Kaiser Friedrich einen sehr berühmten Hoftag zu Mainz. Dahin kamen alle Würdenträger, Beamten und Fürsten, dahin die Erzbischöfe und alle Großen und Edlen, die wetteiferten, dem Kaiser zu gefallen. In der Ebene, die sich in der Nähe von Mainz zwischen Rhein und Main ausbreitet, erhob sich eine leicht gebaute, aber glänzende und prächtige Stadt zur Aufnahme der von stattlichem Gefolge begleiteten Fürsten und Großen. In der Mitte der kunstreich erstehenden Zeltstadt erhob sich in reichgeschmücktem Holzbau der für den Kaiser selbst bestimmte Palast und, mit dem Palast in Verbindung stehend, eine mächtige Kirche. Um diesen Mittelpunkt breiteten sich in weitem Kreise die Zelte aus, welche die einzelnen Fürsten für sich herrichten ließen. Zahllose, in den verschiedensten Farben erglänzende Zelte bedeckten die weite Ebene, auf ihren Spitzen mit Fahnen und Bannern mannigfach geschmückt. Mehr noch staunte man die Vorräte von Lebensmitteln an, die auf des Kaisers Befehl von allen Seiten her, zu Land und zu Wasser, rheinaufwärts und rheinabwärts herbeigebracht wurden. Eine ganze Flotte von Schiffen lag längs des Rheinufers, die unerschöpfliche Massen Weins aus der weinreichen Landschaft herbeigeführt hatten. Und nicht anders war es mit Getreide, Brot, Schlachtvieh und Geflügel. Damit man sich aber von dem unbeschreiblichen Aufwande einen Begriff machen kann, will ich nur eins der geringsten Dinge anführen, um davon auf die größeren schließen zu lassen. Es waren dort zwei große Häuser errichtet, in welchen sich große Räume befanden, die durchweg mit Querstangen versehen waren. Diese Häuser waren von unten bis oben mit Hähnen und Hennen angefüllt, so daß kein Blick durch sie hindurchzudringen vermochte, zur größeren Verwunderung vieler, welche kaum geglaubt hatten, daß soviel Hühner überhaupt vorhanden wären. Wohl bedurfte man so gewaltiger Vorräte, denn drei Tage lang sollte die Masse der Fürsten und Edlen, der Einheimischen und Fremden als Gäste des Kaisers bewirtet werden. Und welche Menschenmassen waren außer den geladenen Gästen noch zu erwarten! Fahrende Sänger und Dichter, Spielleute und Gaukler wurden durch die Festlichkeiten aus weiter Ferne herbeigelockt, in der Hoffnung, von der Freigebigkeit des Kaisers und der Fürsten reichen Gewinn zu haben. Auf siebzigtausend schätzte man die Zahl der Ritter und Krieger, und dazu kam noch das Heer der Geistlichen und der Leute niederen Standes. Am ersten Pfingstfeiertage schritt Kaiser Friedrich mit seiner Gemahlin Beatrix im Schmucke des kaiserlichen Stirnreifes in feierlicher Prozession und geleitet von einem glänzenden Gefolge zu der in der Mitte des Lagers errichteten Kirche. Mit der königlichen Krone auf dem Haupte folgte ihnen König Heinrich. In ebenso stattlichen Prozessionen verließen sie auch nach der Messe die Kirche. Glänzende Gastmähler schlossen den ersten Festtag, bei welchen den Dienst des Mundschenken und des Truchseß, des Marschalls und des Kämmerers die Fürsten des Reiches in eigener Person bei dem Kaiser versahen. Am folgenden Tage fanden nach der Frühmesse glänzende Ritterspiele und Waffenübungen statt, bei welchen des Kaisers Söhne, König Heinrich und Herzog Friedrich von Schwaben, ihre Gewandtheit in der Führung der Waffen bewiesen. Etwa 20 000 Ritter wetteiferten da nicht bloß in allen ritterlichen Künsten, sondern auch in Kostbarkeit der Rüstung, Glanz der Waffen und in Schönheit der Rosse. Kaiser Friedrich selbst erschien in ihrer Mitte und nahm an ihren Kämpfen teil. Als das glänzende Schauspiel beendet war, wurden des Kaisers Söhne feierlich mit dem Schwerte umgürtet und zu Rittern geschlagen. Zur Feier des frohen Ereignisses ließen sie dann den in Scharen zusammengeströmten Dienstmannen, Sängern, Gauklern und armen Leuten Gold und Silber, Pferde, Gewänder und andere Gaben austeilen.«

Es bedarf nicht vieler Phantasie, sich in diesem Bild der Zeit und staufischen Lebensart die Anwesenheit der Kaiserin als Glanzpunkt vorzustellen.

Bei dem ebenso prächtigen Reichsfest in Mailand, das zwei Jahre später stattfand und an dem die prunkvolle Hochzeit Heinrichs VI. mit Konstanze von Sizilien gefeiert wurde, war Beatrix nicht mehr zugegen. Sie war nicht nur eine schöne, gebildete und liebenswürdige Frau, sondern auch eine gute Mutter; sie hatte acht Söhne und zwei Töchter zur Welt gebracht. Sie starb am 15. November 1184, etwa vierzig Jahre alt, wohl in ihrer Heimat. Das Schicksal hatte ihr gegönnt, vor dem Tod ihres Gatten 1190 während des Kreuzzugs zu sterben. Sie wurde mit ihrer letzten vierjährigen Tochter, die wenige Wochen vor ihr gestorben war, 1185 in der Gruft des Domes von Speyer beigesetzt.

## *Margarete von Blois*
### *Gemahlin Ottos von Burgund, eines Sohnes Barbarossas*

Otto (geboren um 1166/1173) ist der dritte Sohn Friedrich Barbarossas. Er wurde nach dem Tod des Grafen Rainald, des Schwiegervaters des Kaisers, Statthalter in Burgund und Arles. Trotz seinen reichen Gütern nannte er sich »Otto ohne Land«, weil ihm bei der Königswahl nach dem Tod seines Bruders Heinrich VI. sein jüngerer Bruder Philipp vorgezogen worden war. Otto ähnelte charakterlich seinem Bruder Konrad. Bei den zahlreichen Auseinandersetzungen mit seinen Nachbarn zeigte er sich heftig und wild. Bei einer Zusammenkunft mit dem Grafen Ulrich von Pfirt, an der Frieden und ein Bündnis geschlossen werden sollte, kam es zu Meinungsverschiedenheiten, Otto geriet in Jähzorn und erschlug den Grafen. »Dadurch wurde er nicht nur seinen Feinden, sondern auch manchem seiner Freunde hassenswert«, vermerken die Marbacher Annalen.

1192 vermählte er sich mit Margarete, der Tochter des Grafen von Blois. Die Grafen von Blois gehörten in jener Zeit zu den einflußreichsten Lehensherrn Frankreichs. Der Onkel Margaretes war der

König Philipp II. August von Frankreich, ein Freund der Staufer und Feind der Welfen.

Margarete (geboren um 1164) war wenig älter als Otto; sie war bereits in erster Ehe mit Hugo von Oisy vermählt gewesen. Nach dem frühen Tod Ottos 1200 verheiratete sie sich zum dritten Male mit Walter von Avesnes. Sie starb um 1210.

Aus der Ehe Ottos von Burgund mit Margarete von Blois gingen zwei Töchter hervor, Johanna (um 1192—1205), die früh starb und Beatrix (um 1193—1231). Sie wurde 1208 mit Otto I. von Meranien (um 1193/1180—1234) vermählt.

Meranien hängt nicht mit der Stadt Meran zusammen. Es ist der Name für das istrisch-kroatische Küstengebiet, nach welchem die Grafen von Andechs den Titel Pfalzgrafen von Istrien, seit 1202 den eines Herzogs von Meranien führten.

Dies wurde hier weiter ausgeführt, weil der Hochzeitstag der Tochter Ottos von Burgund zugleich ein Schicksalstag in der Geschichte der Staufer und Deutschlands ist.

Die prachtvolle Vermählung Ottos I. von Meranien und der Beatrix fand am 21. Juni 1208 in Bamberg statt. Dort weilte auch der Schwager der Beatrix, König Philipp von Schwaben mit seiner Frau Irene von Byzanz. Philipp führte die Braut zum Altar, nahm an der Hochzeitsfeierlichkeit teil und zog sich dann auf die Altenburg zurück. Es war ein schöner Hochsommertag. Philipp, der Bischof von Speyer und der Truchseß Heinrich von Waldburg freuten sich an dem wundervollen Ausblick, den die Landschaft bot. Dann folgte, was bekannt ist. Philipp wurde von dem Pfalzgrafen Otto von Wittelsbach ermordet. Über diesen ersten Königsmord in der deutschen Geschichte wird in dem Abschnitt über Irene von Byzanz berichtet.

## *Berengaria von Kastilien*
### *Gemahlin Herzog Konrads eines Sohnes Barbarossas*

Von den Kindern aus der Ehe Friedrichs I. Barbarossas mit Beatrix von Burgund, deren Zahl wir nicht genau kennen, treten zwei Söhne ins helle Licht der Geschichte: Heinrich als Nachfolger des Kaisers und Philipp, der nach dem frühen Tod des Bruders die Regentschaft für den minderjährigen Enkel Barbarossas, Friedrich II., übernehmen mußte. Der erstgeborene Sohn Barbarossas, Friedrich V. Herzog von Schwaben (geboren 1164) begleitete den Vater auf dem Kreuzzug. Nach dessen Tod unterstellte sich das Kreuzheer dem mutigen, tüchtigen und klugen Friedrich, doch er erlag am 10. 1. 1191 vor Akkon der Seuche. Er war unvermählt. Sein Nachfolger im Herzogtum Schwaben wurde sein älterer ungleicher Bruder Konrad, Herzog von Schwaben (geboren um 1172).

Barbarossa ließ, wohl weil er den Mangel geistiger Bildung an sich selber spürte, seinen Söhnen eine gute Erziehung angedeihen. Der Lehrer Konrads war der Magister, Theologe, Dichter und Geschichtsschreiber Gunther. Er widmete Konrad sein lateinisches Versepos über den ersten Kreuzzug

»Solimarius«, dem Kaiser widmete er sein Epos »Ligurinus« über dessen Taten in Italien (Liguria – Oberitalien). Gunther wurde nach dem Tod Herzog Konrads, um 1200, Mönch im Zisterzienserkloster Pairis im Elsaß. – Wir können uns den gelehrten Mann auf dem Hohenstaufen, seine Dichtungen schreibend, vorstellen.

Die Früchte seiner Erziehung an Konrad gediehen nicht. Konrad ist, wie auch sein Bruder Otto von Burgund, verdorben, zudem elend gestorben. Der Chronist von Ursberg schreibt über ihn: »Er war gänzlich dem Ehebruch und der Unzucht, und jeder Völlerei und Unsauberkeit ergeben.« Otto von Blasien lobt zwar seine Tapferkeit und Freigebigkeit, nennt ihn aber wild und roh; »daher wurde er, der nach Großem strebte, doch stets das Schlechte tat, für nah und fern zum Schrecken.«

Berthold V. von Zähringen, der eine friedliche Tätigkeit dem Krieg vorzog – er ist der Gründer von Freiburg i. B. und Bern –, weigerte sich, an den Zügen des Kaisers nach Italien teilzunehmen. Da alle Anmahnungen nichts nützten, unternahm Konrad einen Kriegszug gegen ihn. Schon war er tief ins Zähringer Land eingedrungen und stand vor Durlach. Da ertappte ihn ein Mann bei seiner Frau im Ehebruch und stach ihn nieder. Nach einem anderen Bericht wollte Konrad einer Jungfrau Gewalt antun, diese aber wehrte sich und biß ihn ins linke Auge. Aus der Wunde entwickelte sich eine große schwarze Blase, an der Konrad nach drei Tagen, am 15. August 1196, im Alter von 24 Jahren starb.

Dieses Charakterbild sollte vorher gezeichnet werden, um sich das Schicksal einer Frau, dazu aus einem noblen und hohen Geschlecht, neben diesem Manne vorzustellen.

Während uns Konrads ungestüme Erscheinung in harten Umrissen deutlich wird, geht seine Frau nur schattenhaft durch die staufische Familiengeschichte. Sie wird kaum erwähnt. Selbst Erich Maschke nennt Konrad in seinem gründlichen Buch »Das Geschlecht der Staufer« als unvermählt.

In zwei spanischen Archiven hat sich die Heiratsurkunde vom 23. April 1188 erhalten, geschlossen zwischen Friedrich I. Barbarossa und dem König Alfons VIII. von Kastilien für deren Kinder Herzog Konrad und Berengaria. Die Verheiratung mag bald danach stattgefunden haben. Konrad war etwa zwanzig Jahre alt.

Das Kastilien, aus dem Berengaria nach Deutschland kam, erlebte unter Alfons VIII. (gestorben 1214) eine Glanzzeit. Die Mutter Berengarias war Eleonore, die Tochter König Heinrichs II. von England, die ebenfalls 1214 starb. Ihre Großmutter Richildis war eine Nichte des ersten staufischen Königs Konrad III.

Wir wissen nur noch, daß die Ehe zwischen Konrad und Berengaria getrennt wurde, aber nicht, wie lange sie gedauert hat. Konrad wurde acht Jahre nach der Eheschließung ermordet. Den Grund der Trennung können wir vermuten.

Der zweite Gatte Berengarias wurde nach dem Tod Konrads 1197 ihr Oheim Alfons IX., König von León. Er wurde durch Berengaria auch König von Kastilien. (Kastilien war ursprünglich als Erbe für Konrad bestimmt gewesen.) Die Ehe wurde trotz der nahen Blutsverwandtschaft geschlossen. Der Sohn aus dieser glücklichen Verbindung war Ferdinand III., der 1219 Beatrix, eine Tochter König Philipps von Schwaben und der Irene von Byzanz, heiratete. (Siehe das Kapitel über Beatrix!)

## *Konstanze von Sizilien*
### *Gemahlin Heinrichs VI., Mutter Friedrichs II.*

Von Kaiser Heinrich VI., geboren 1165 in Nimwegen, dem zweitältesten Sohn Kaiser Friedrichs I. Barbarossas und der Beatrix von Burgund, überliefert die Manessische Liederhandschrift Liebesgedichte. Heinrich VI. Autorschaft wurde im Hinblick auf seinen Charakter und seine Lebensart angezweifelt. Man hielt dafür, daß Heinrich VI., wie bei den Troubadours der Landesfürst Wilhelm von Poitiers, als Ahnherr des Minnesangs an die erste Stelle gerückt wurde, indessen die Lieder von Heinrich (VII.), dem unglücklichen Sohn Kaiser Friedrich II., stammen mögen. Man traute Heinrich VI. die zarten Herzensregungen der Minnelieder nicht zu.

Heinrich VI. war ein harter, rücksichtsloser, ja grausamer, in Weltreichpläne vergrübelter Kaiser, der »das Volk der Deutschen groß und gefürchtet gemacht bei allen Völkern«. »Dem Volk war er weder freundlich noch wohlgesinnt«, stellte der Patriarch von Aquileja fest. Innozenz III. schrieb über ihn: »Des Nordsturms Wut durchfährt die kalabrischen Berge mit einem neuen Beben der Erde, und durch die Ebenen des flachen Apulien jagt er in Wirbeln den Wanderern und Bewohnern Staub in die Augen.« Wenn es von Heinrich heißt, er sei wie »der Nordsturm und Winter in den Rosengarten Sizilien« eingebrochen, so spricht daraus auch die allgemeine Abneigung der Sizilianer und Italiener gegen die Deutschen, die ihnen als eigenwillig und rechthaberisch galten und plump, roh und unhöflich erschienen, deren Sprache ihnen wie Hundegebell und Krächzen klang. Heinrich hat diese Urteile und Vorwürfe durch sein Verhalten in Sizilien herausgefordert.

Er streckte seine Hand über Deutschland hinaus nach Byzanz aus, hatte sich durch den gefangenen Richard Löwenherz England lehenspflichtig gemacht und durch das von ihm erpreßte Lösegeld von 100 000 Pfund Silber, nach dem gescheiterten Versuch (1191), Sizilien zu erobern, ein Heer ausgerüstet, mit dessen Hilfe ihm (1194) gelang, Sizilien zu unterwerfen und dem Reich einzuverleiben. Das hatte Kaiser Friedrich I. Barbarossa durch die Vermählung seines Sohnes mit Konstanze (1186), der Tochter des Königs Roger II. von Sizilien, beabsichtigt.

Sizilien, seit dem 9. Jahrhundert nach den Byzantinern im Besitz der Araber, war 1061 — 1091 von den Normannen erobert und mit Unteritalien und Neapel zur sizilischen Monarchie vereint worden. Unter den Normannen war sie das reichste, mächtigste und prächtigste Reich Europas geworden. Nach König Roger II. (1095 — 1154) erschöpfte sich die ungestüme Kraft des Geschlechts; in seinem Enkel Wilhelm II. (1154 — 1189) starb es im Mannesstamm aus. Rogers II. Tochter Konstanze, die Erbin Siziliens, wurde die Gattin Heinrichs VI.

Konstanze war kurz nach dem Tod ihres Vaters Roger II. 1154 geboren worden. Ihre Mutter, die dritte Gemahlin Rogers II., Beatrix von Rethel (Ardennen), entstammte mütterlicherseits lothringischem Adel. Konstanze war schön, stolz und tatkräftig und blieb auch nach ihrer Vermählung eine normannisch-sizilische Patriotin, was den Verdacht weckte, sie sei gegen die Staufer mitverschworen gewesen. Der Minorit Salimbene von Parma nannte sie »ein schlechtes Weib und den Gattinnen ihrer Brüder und der ganzen Familie zur Last«.

Heinrichs Mutter Beatrix von Burgund soll von Konstanze in schweren Träumen verfolgt worden sein. Zeichendeuter des normannischen Hofes hatten vorausgesagt, sie werde ihr Vaterland ins tiefste Verderben stürzen. Daß die Verbindung Konstanzes mit Heinrich VI. die Vereinigung Siziliens mit Deutschland brachte, schon das war ein unerhörtes, ein die Welt aufschreckendes Ereignis.

Konstanze hatte jahrelang im Kloster der Basilianischen Nonnen, nahe dem königlichen Palast in Palermo, und in anderen Klöstern, gelebt. Ob sie freiwillig oder von ihren Verwandten veranlaßt ins Kloster gegangen war, wissen wir nicht, auch nicht, ob sie den Schleier genommen; jedenfalls wurde ihr zum Vorwurf gemacht, das Kloster verlassen zu haben, um zu heiraten.

Vor ihrer Vermählung wurde Konstanze 1185 nach Rieti gebracht, mit einer Aussteuer, deren Schilderungen ans Fabelhafte grenzen. Konstanze war groß und blond und von heller Hautfarbe, sie wirkte trotz des byzantinischen Prunks bescheiden. Sie war 32, Heinrich 22 Jahre alt.

Die Trauung fand am 27. Januar 1186 in Mailand statt, das nach der völligen Zerstörung durch Friedrich Barbarossa vor vierundzwanzig Jahren noch nicht wiederaufgebaut worden war. Da der Dom noch nicht vollendet war, fand die Eheschließung in der Kirche San Ambrogio statt, die aus einem Kornspeicher in einen halbwegs würdigen Zustand gebracht worden war. Der Patriarch von Aquileja vollzog die Vermählung ohne die Zustimmung des Papstes, weswegen Aquileja mit dem Interdikt belegt wurde. Heinrich und Konstanze wurden zugleich mit der Eisernen Krone der Lombarden gekrönt, und Konstanze empfing von einem deutschen Bischof die deutsche Königskrone. Das Festmahl fand in einem rasch errichteten hölzernen Pavillon in der Nähe von San Ambrogio statt.

Nach der Trauung begab sich Heinrich mit Konstanze zur Kaiserkrönung nach Rom, Friedrich Barbarossa kehrte nach Deutschland zurück. (Vier Jahre später ertrank er während des Dritten Kreuzzugs zur Eroberung Jerusalems, das vom Sultan Saladin zurückerobert worden war, im kleinasiatischen Fluß Saleph.)

Während des Italienzugs Heinrichs VI. zur Eroberung Siziliens 1191 – ein Jahr nach dem Tod Friedrichs I. Barbarossas – geriet Konstanze in die kriegerischen Auseinandersetzungen, und auf die falsche Nachricht hin, der Kaiser sei in Neapel der Seuche erlegen, in die Hände der Gegner Heinrichs VI. Sie wurde in einem Turm in Salerno festgehalten, wo sie sich mutig und tapfer verteidigte, bis sie nach ihrer Auslieferung in Messina von ihrem illegitimen Neffen König Tankred würdig aufgenommen, aber als Geisel betrachtet wurde; schließlich mußte sie Tankred auf Befehl des Papstes, reich beschenkt, nach Deutschland bringen lassen.

In Sizilien trat eine entscheidende Veränderung ein.

1194 starb in Palermo König Tankred, dem Heinrich als illegitimen Enkel Rogers II. den Thron streitig gemacht hatte. Im selben Jahr starb auch dessen älterer Sohn Roger, Herzog von Apulien, der mit Irene, der Tochter des Kaisers von Byzanz, verlobt gewesen war. Sie, wie die Witwe König Tankreds, Sibylla, Tochter des Grafen Roger von Acerra, und deren junger Sohn Wilhelm lebten als letzte Normannen in Sizilien. Die Erbin war Konstanze geworden.

Heinrich zog, seine Frau in Italien zurücklassend, gegen Sizilien, das er sich rasch unterwarf. Den Empfang in Palermo beschreibt Otto von Sankt Blasien: »Die Bürger bereiteten mit großem Aufwand und Eifer einen Triumphzug für den Kaiser vor. Sie schmückten die ganze Stadt und insbesondere die Straßenkreuzungen mit verschiedenen kostbaren Teppichen, und die Straßen in- und außerhalb der Stadt dufteten von Weihrauch, Myrrhe und sonstigen wohlriechenden Spezereien... Mit nicht geringem Eifer hatte der Kaiser sein Heer für dieses Fest vorbereitet. Es war strenge Disziplin vorgeschrieben und jede teutonische Unbändigkeit unter Strafe des Handabhackens verboten. Da zeigte der Kaiser sein im Glanz aller Waffen strahlendes Heer, das im langen Zuge in Zweierreihen Schritt für Schritt zur Stadt marschierte. Der Kaiser folgte mit den Fürsten im kaiserlichen Prunk und Gewand. Als er die Stadt betrat, scholl ihm von allen lauter Zuruf entgegen, und nach der Sitte jenes Landes warf sich das Volk bei seinem Anblick zur Erde nieder. Nachdem er auf diese Weise in der Königsburg aufgenommen war, gab er sich der Ruhe hin.«

Am folgenden Weihnachtstag 1194 wurde er im Dom von Palermo gekrönt. Während der Feier soll er von einer Verschwörung des sizilischen Adels gegen ihn unterrichtet worden sein. Am folgenden Stephanstag bestrafte er die Verdächtigen durch eine Massenhinrichtung auf einer Wiese neben dem königlichen Palast. Hunderte Adelige wurden lebendigen Leibes verbrannt; die Leiche Tankreds und die seines älteren Sohnes Roger ließ Heinrich ausgraben und enthaupten. Das Volk mußte diesen

Greueln zuschauen. Der andere Sohn Tankreds, Wilhelm, noch ein Kind, wurde geblendet und entmannt.

Wenige Tage danach erreichte Heinrich die Nachricht, daß Konstanze am zweiten Weihnachtstag in Jesi in der Marc Ancona einen Sohn zur Welt gebracht hatte.

Die Geburt Friedrichs, der auf die Namen Friedrich Roger getauft wurde, veranlaßte den kampanischen Dichter und Weisen Petrus von Eboli, Vergils viertes Hirtengedicht von der Verheißung eines Friedensfürsten auf den Neugeborenen zu deuten; Gottfried von Viterbo begrüßte ihn als den die Zeit erfüllenden Cäsar, als den erwarteten Weltenkönig.

Die Umstände der Geburt gaben Anlaß zu einer überreichen, meist böswilligen Legendenbildung.

Konnte das Kind von einer vierzigjährigen Frau nach neunjähriger unfruchtbarer Ehe geboren worden sein? Konstanze selbst wollte befürchteten Verdächtigungen zuvorkommen. Sie habe, heißt es, das Kind in einem Zelt zur Welt gebracht, in welchem jede verheiratete Frau der Geburt beiwohnen konnte; habe sich auf dem Markt dem Volk mit entblößten Brüsten beim Stillen ihres Kindes gezeigt.

Die Verdächtigungen konnten dadurch nicht aus der Welt gebracht werden. Der Abt Albert von Stade berichtet in seinen Annalen: Die Ärzte aus Salermo »ließen aber Konstanzes Gebärmutter durch Arzneien allmählich anschwellen, so daß der Kaiser fest glaubte, sie sei schwanger. Inzwischen aber sahen sich die Ärzte nach einem Kinde um, so daß von verschiedenen schwangeren Frauen, die zur Zeit der Niederkunft Konstanzes gebären mußten, nach einem streng geheimen Plan ein Kind geraubt wurde, um zur Zeit der Niederkunft Konstanzes in den Palast an ihr Bett getragen zu werden, wo es so, obwohl woanders geboren, gleichsam von Konstanze geboren wurde und der Sohn eines andern für den Sohn des Kaisers und der Kaiserin gehalten worden ist. Man sagte aber, es sei zweifelhaft, ob jenes Knäblein der Sohn eines Arztes oder eines Müllers oder aber eines Falkners gewesen sei; aber die Leute beteuerten wahrhaftig, es sei der Sohn eines dieser drei gewesen.« Der stauferfeindliche Minorit Salimbene von Parma hat Friedrich für den Sohn eines Fleischers gehalten, was Friedrich Zeit seines Lebens vorgeworfen wurde.

Der sagenhafte bretonische Wahrsager und Zauberer Merlin aus dem Kreis um König Artus hatte für den zweiten Friedrich eine »wundersame und unverhoffte Geburt« vorausgesagt, was Anhänger und Gegner der Staufer auf ihre Weise auslegten. Schließlich wurde die Voraussage, der Antichrist werde von einer Nonne geboren werden, mit Bezug auf die Vergangenheit Konstanzes, auf Friedrich gedeutet.

Friedrich selber hat später seine Mutter, seine Geburt und seinen Geburtsort auf seine Art pathetisch mythisiert: »Nach dem Zuge der Natur sind wir getrieben und gehalten, JESI, der Marken adlige Stadt, unseres Ursprungs erlauchten Anbeginn, wo unsere göttliche Mutter uns zum Lichte brachte, wo unsere Wiege geschimmert, mit innigster Liebe zu umfangen: auf daß aus unserem Gedächtnis nicht entschwinde Seine Stätte, und unser Bethlehem, des Caesars Land und Ursprung, in unsrer Brust tief verwurzelt bleibe. So bist du, Bethlehem, Stadt der Marken, nicht die kleinste unter unsres Geschlechtes Fürsten.«

Heinrich ließ seine Gemahlin für Ostern 1195 nach Bari kommen, wo er einen Reichstag abhielt. Der kleine Friedrich blieb in den folgenden drei Jahren in Foligno in der Obhut des Herzogs von Spoleto, zu dem Konrad von Urslingen erhoben worden war. Nach Bari hatte der Kaiser auf 160 Maultieren aus Palermo den Kronschatz und die Königsinsignien bringen lassen, die nach der Reichsfeste Trifels weiterbefördert wurden. Unter der »Beute« Heinrichs befanden sich einige nahe Verwandte Konstanzes: Sibylla, die Witwe nach dem toten König Tankred, deren verstümmelter und geblendeter Sohn Wilhelm, die 15jährige byzantinische Prinzessin Irene, die Verlobte Rogers, des Sohns des gestorbenen Königs Tankred. Sibylla wurde als Gefangene ins staufische Reichskloster Hohenburg (Odilienberg) im Elsaß gebracht, Wilhelm auf die Feste Hohenems. Irene wurde 1198 dem Bruder Heinrichs, Philipp, vermählt. Heinrich ahnte wohl kaum, daß Philipp schon bald Deutschland für das Waisenkind Friedrich und die Staufer gegen die Welfen verteidigen mußte.

Als nach dem Reichstag von Bari Heinrich neuerdings nach Deutschland aufbrach, stellte er Konstanze an die Spitze des Regentschaftsrates über Sizilien. Mit der Hilfe ausgiebiger Geschenke an die Fürsten ließ Heinrich seinen noch ungetauften zweijährigen Sohn Friedrich zum deutschen König wählen.

In Sizilien war das Blutgericht vom Stephanstag 1194 nicht vergessen. Die sizilianische Unabhängigkeitsbewegung gegen Heinrich und die Deutschen überhaupt nutzte die Abwesenheit Heinrichs, und es wurde vermutet, Konstanze unterstütze oder dulde sie. In Unteritalien schürte Richard von Acerra, der Schwager König Tankreds, den Widerstand gegen Heinrich. Dieser sah sich zur Rückkehr nach Italien gezwungen. Was Heinrich nun an Grausamkeiten verübte, hat mit einer Bestrafung von Aufständischen nichts mehr zu tun. Richard von Acerra ließ er von Pferden durch die Straßen von Capua schleifen; als er nach zwei Tagen noch immer lebte, nachdem er an den Füßen aufgehängt worden war, erlöste ihn sein Hofnarr von den Qualen durch um den Hals gebundene Gewichte, an denen Richard von Acerra erstickte. In Palermo ließ Heinrich den Grafen Giordano, der als Haupt des Widerstandes galt, auf einen eisernen, glühenden Thron setzen und ihm eine glühende Krone mit Nägeln an den Kopf schlagen. Diesen und anderen Folterungen mußte Konstanze an der Seite ihres Gatten beiwohnen. Was Wunder, daß sie vor so viel Grausamkeit zurückschreckte und mit ihren gepeinigten Verwandten und Landsleuten fühlte? Sie wurde, vom Kanzler Walther von Pagliara bewacht, im königlichen Palast gefangengehalten.

Am Reichstag von Bari hatte Heinrich den Kreuzzug gelobt. Als sich das Heer einzuschiffen begann, brach in Sizilien ein neuer Aufstand los – Heinrich versprach eine Generalamnestie. Wollte er die Sizilianer auf diese Weise für sich gewinnen? War das nach dem, was geschehen war, noch möglich?

Auf der Jagd im Waldgebirge unterm Ätna erkrankte Heinrich. Er wollte nach Palermo gebracht werden, kam aber nur bis zu dem in maurischem Stil erbauten Schloß von Favara, dessen märchenhafte Schönheit, Gärten und Springbrunnen der sizilisch-arabische Dichter Abderachman besungen hat. In Fieberfantasien sprach der Kaiser von dem Weltreich, das er zu schaffen gedachte. Dann diktierte er, wieder bei klaren Sinnen, sein Testament – ein Dokument der Zerknirschung. Am 28. September 1197 »fällte ihn der Neid des Todes«. Er starb an der den Staufern verhängnisvollen Malaria. Konstanze war anwesend – es lag schon im Stil der Zeit, sie des Giftmordes an ihrem Gemahl zu bezichtigen. Er wurde im Dom zu Palermo bestattet, wo er Weihnachten 1194 zum König von Sizilien gekrönt worden war. Er war 32 Jahre alt geworden, hatte nur sieben Jahre regiert – in den Marbacher Annalen heißt es: »Der ganze Erdkreis geriet bei seinem Tod in Verwirrung.«

Die verwitwete, schwergeprüfte Konstanze versuchte tatkräftig, der heillosen Verwirrung in Sizilien Herr zu werden; es gelang ihr nicht mehr. Ein Jahr nach dem Tod ihres Gemahls erkrankte sie. Sie ließ, wohl in der Ahnung ihres nahen Endes, ihren vierjährigen, bereits zum deutschen König gewählten Sohn am 17. Mai 1198 zum König von Sizilien krönen und übergab ihn und das Land der Obhut des Papstes. Am 27. November starb sie, ein Jahr nach dem Tode Heinrichs. Sie wurde neben ihm im Dom zu Palermo, der Ruhestatt ihres Vaters König Roger II., beigesetzt. Ihr Sohn Kaiser Friedrich II. und dessen Gemahlin Konstanze sollten ihr dorthin nachfolgen.

## *Irene von Byzanz*

### *Gemahlin König Philipps von Schwaben*

Irene, später griechische Maria genannt, trat schon als Kind in den Blickkreis der Staufer. Als Kaiser Friedrich I. Barbarossa während seines Kreuzzugs nach Konstantinopel (Byzanz) kam, waren Feindseligkeiten zwischen ihm und dem Kaiser von Konstantinopel vorangegangen. Dieser, Isaak II. Angelos, war 1185 durch blutige Thronwirren zur Herrschaft gelangt. Er ist der Vater Irenes, ein hochfahrender, wankelmütiger, von Wahrsagern beherrschter Mann. Von ihm hat sich ein lebensnahes Porträt auf einem Mosaik der Erlöserkirche in Konstantinopel erhalten; es zeigt ihn als gekrönten, schwarzbärtigen Mann mit orientalischem Gesicht in der Anbetung von Christus und Maria, die als große Gestalten über ihn emporragen.

Das oströmische, das byzantinische Reich war durch Rivalenkämpfe um den Thron erschüttert. Irene hatte als Kind die Greuel miterleben müssen, durch welche ihr Vater gegen Andronikos zur Macht gelangt war. Schon in den Verhandlungen Friedrich Barbarossas mit dem byzantinischen Kaiser wurde Irene zu einem Objekt der Politik. Ob sie schon damals als Gemahlin für Barbarossas Sohn Philipp ausersehen wurde, wie vielfach vermutet wird, ist zweifelhaft, denn Philipp war eben erst zum Bischof von Würzburg gewählt worden. Immerhin mag die Verlobung Irenes mit einem der Söhne Barbarossas erwogen worden sein, denn Isaak Angelos suchte Hilfe gegen die sein Reich bedrängenden sizilischen Normannen.

Bald schon kehrten sich solche Wünsche und Pläne des byzantinischen Kaisers ins Gegenteil. Nach dem Tod Barbarossas versuchte Isaak Angelos, die Normannen durch verwandtschaftliche Bindung für sich zu gewinnen. Irene wurde trotz ihrer Jugend dem ältesten Sohn König Tankreds von Sizilien, Roger III., verlobt. Sie kam 1193 nach Palermo. Roger starb schon im folgenden Jahr, kurz vor seinem Vater.

In Sizilien war Irene in ebenso unruhige Verhältnisse geraten wie in ihrer Heimat. Der staufische Kaiser Heinrich VI., dem durch die Heirat mit Konstanze, der Tochter König Rogers II., im Jahre 1186 das sizilische Königreich zugefallen war, mußte es sich gegen den Widerstand der Verwandten Rogers und der sizilischen Barone erst erobern. Er tat es mit solcher Strenge und Grausamkeit, daß die Zeit ihn den verheerenden Sturm aus dem Norden nannte.

Nur zwei Jahre lebte Irene in Sizilien, in dem prächtigen Normannenschloß, in dem Lande, in welchem Normannen, Araber und Byzantiner nebeneinander lebten und das der Zeit als Inbegriff unerhörten Reichtums, märchenhafter Pracht und sagenhafter Schönheit galt, das Land von Klingsors Zauberburg und Zaubergarten.

Im Stolz über das ererbte und nun auch eroberte Sizilien, auch aus Freude über den ihm zu Weihnachten 1194 geborenen Sohn Friedrich Roger, den späteren Kaiser Friedrich II., hielt Heinrich VI. 1195 in Bari einen Reichstag ab. Unter großer Prachtentfaltung wurden Heinrich VI. und Konstanze in der Kathedrale San Sabino noch einmal gekrönt und als Herrscher über die sizilisch-apulische Monarchie bestätigt. Auf 160 Pferden war der Kronschatz aus Palermo nach Bari gebracht worden, um von hier nach Trifels zu gelangen. Heinrich VI. erschien in dem mit arabischer Inschrift verzierten Sternenmantel seines toten Schwiegervaters. Zur Beute gehörten auch die festgenommenen Widersacher und die Frauen und Kinder der unterworfenen Adeligen Siziliens; sie wurden von hier auf schwäbische Burgen in Gewahrsam gebracht. Unter ihnen befanden sich König Tankreds Witwe Sibylla, deren geblendeter Sohn Wilhelm – und Irene.

Sie wurde von Kaiser Heinrich VI. zur Gemahlin seines Bruders Philipp bestimmt, und zwar aus politischen Beweggründen.

Hatte Kaiser Heinrich VI. selbst das Königreich beider Sizilien, eines der reichsten, einflußreichsten und schönsten Reiche des Abendlandes, durch seine Heirat mit der normannischen Konstanze erworben, hoffte er durch die Heirat seines Bruders Philipp mit Irene der Erfüllung eines lange gehegten Planes nahezukommen. Durch die Wirren in Byzanz hatte Irene Anspruch auf den Thron. Durch ihre Vermählung mit Philipp wurde die Möglichkeit greifbar, das byzantinische Reich mit dem der Staufer zu vereinen. Der frühzeitige Tod Heinrichs VI. machte solchen Plänen ein Ende.

Was mochte Irene bewegt haben, als sie von Heinrich VI. als Gefangene aus Palermo weggeführt wurde? Hatte sie doch die Staufer in Kaiser Heinrich in ihrer Unerbittlichkeit und Härte kennengelernt. Aber Philipp war ein ungleicher Bruder Heinrichs. »Scharf abgegrenzt waren die reichen und zwiespältigen Anlagen der Staufer verteilt unter die beiden Brüder. Wie Heinrich ihre Härte und Gewalttätigkeit verkörpert, so Philipp alle Anmut, Grazie, Milde, die sich im Gegensatz zu den anderen Staufern bei ihm mit einer wirklichen Frommheit zusammenfand.« (Ernst Kantorowicz)

Philipp, um 1180 geboren, war als jüngster der fünf Söhne Friedrich Barbarossas zum geistlichen Stand bestimmt worden. Sein Erzieher war ein Kölner Scholastiker. Vor seinem Aufbruch zum Kreuzzug bedachte Kaiser Friedrich Barbarossa Philipp nur mit der geringen Pfründe eines Dompropstes von Aachen. 1191 wurde er zum Bischof von Würzburg gewählt. Sein Leben und Trachten waren auf andere als politische Dinge gerichtet; es wurde gemutmaßt, der Kaiser habe an eine künftige Wahl Philipps zum Papst gedacht. Kaiser Heinrich VI. aber lenkte den Lebensweg seines Bruders in eine andere Richtung, zumal die anderen drei Brüder gestorben oder sonst ums Leben gekommen waren. Heinrich belehnte Philipp mit dem Herzogtum Schwaben, mit Tuszien, Spoleto und den Mathildischen Gütern in Ober- und Mittelitalien, einem alten Streitobjekt zwischen Kaiser und Papst.

Schon in Bari als Gefangene Kaiser Heinrichs VI. erfuhr Irene, daß ihr Vater durch seinen Bruder Alexios III. gestürzt und mit seinem Sohn, also dem Bruder Irenes, eingekerkert worden war. Ein Grund mehr für Heinrich VI., die Verbindung zwischen Philipp und Irene herbeizuführen, war doch einer seiner Pläne die Vereinigung des west- und oströmischen Reiches unter staufischer Herrschaft.

Irene war, nicht zuletzt durch die harten Schicksalsschläge seit ihrer Kindheit, eine stille und in sich gekehrte, fromme und gütige Frau, die schon bald in Philipp einen Gleichgesinnten lieben lernte. Philipp war, wie alle Staufer außer Konradin, mittelgroß, zart gebaut, blond und schön, geistigen und geistlichen Dingen und der Dichtung zugetan, die zu seiner Zeit in Deutschland eine Blüte erreichte.

Pfingsten 1197 wurde in Gunzenlech bei Augsburg die Hochzeit gefeiert. Nach ritterlichen Festlichkeiten und einem kurzen Aufenthalt in der Burg Schweinhausen bei Biberach mußte Philipp Irene verlassen und nach Italien aufbrechen, um seinen dreijährigen, zum König gewählten Neffen Friedrich aus Foligno zur Krönung nach Deutschland abzuholen. In der zweiten Septemberhälfte zog Philipp mit 300 schwäbischen Rittern durchs Etschtal nach Italien, kam aber nur bis Montefiascone. Dort erreichte ihn die Nachricht vom plötzlichen Tod seines Bruders, Heinrich VI., in Messina. Wegen der in Italien ausgebrochenen Unruhen mußte Philipp allein nach Deutschland zurückkehren.

Das ganze Abendland stand nach dem Tod des erst 32jährigen Kaisers Heinrich VI. in banger Erwartung dessen, was nun kommen sollte. Des Volkes bemächtigten sich Angst und Furcht. Rasch verbreitete sich die Kunde, daß einige Menschen durch eine Erscheinung erschreckt worden seien: sie hatten an der Mosel auf riesigem schwarzem Roß Dietrich von Bern gesehen, der dem Reich Jammer und Unheil ansagte. Diese Voraussage sollte eintreffen.

Philipp kämpfte um die Erhaltung des Reiches für seinen Neffen Friedrich, aber die Fürsten wollten keinen König, der noch ein Kind war, zudem im fernen Sizilien lebte. Als der 24jährige Welfe Otto IV. von Braunschweig, der jüngste Sohn Heinrichs des Löwen und Neffe des englischen Königs Richard Löwenherz, ein unerbittlicher Gegner der Staufer, zum König gewählt und gekrönt wurde, entschloß sich Philipp, seiner Wahl zum Gegenkönig zuzustimmen. Beide Krönungen waren fragwürdig. Otto wurde am 17. Juni 1198 in Aachen, der richtigen Krönungsstadt, aber mit falschen Insignien gekrönt, Philipp am 15. August desselben Jahres in Mainz, der falschen Stadt, aber mit den echten Insignien.

Anläßlich der Krönung Philipps offenbart sich dessen Güte und versöhnliche Art. Wie um die Greuel seines Bruders Heinrich an den sizilischen Normannen, die Irenes Verwandte gewesen, zu sühnen, gab er den Gefangenen, die Heinrich aus dem eroberten Sizilien auf deutsche Burgen hatte bringen lassen, die Freiheit. Nur der geblendete und entmannte junge Wilhelm, der Sohn Tankreds und der Sybilla, war inzwischen auf der Feste Hohenems gestorben. Nach einer anderen Überlieferung soll er, Mönch geworden, nur noch kurze Zeit gelebt haben.

Durch die Wahl zweier Könige wurde Deutschland in einen zehn Jahre dauernden Bürgerkrieg gestürzt. Das Getümmel erfüllte besonders die Rheinlande, später auch Sachsen und Thüringen, die furchtbar zu leiden hatten. Macht und Ansehen der Krone erlitten unheilbare Schäden. Papst Innozenz III., wie sein Vorgänger ein unerbittlicher Gegner der Staufer, bestätigte Otto IV. von Braunschweig als König und stellte ihm gegen umfangreiche Zugeständnisse die Kaiserkrönung in Rom in Aussicht. König Philipp wurde gebannt.

Mochte sich auch die Lage Philipps im Kampf gegen Otto mit den Jahren verbessern, die Schatten des langandauernden Krieges lagen über Irenes Leben, die zeitweise abseits auf dem Hohenstaufen lebte, um sich der Erziehung ihrer Töchter zu widmen.

Einen lichten Höhepunkt in der trüben Zeit brachten die Weihnachten des Jahres 1199, die aus Freude über die Erfolge Philipps in festlicher Weise, verbunden mit einem Hoftag, in Magdeburg begangen wurden.

In lebendiger Anteilnahme berichteten Dichter und Chronisten, wie sich am heiligen Christtag der festliche Zug nach dem Dom bewegte. Unter dem Vortritt des Herzogs Bernhard von Sachsen, der des Reiches Schwert trug, schritt König Philipp. Ihm folgte, umgeben von der Herzogin von Sachsen, der Äbtissin von Quedlinburg und anderen adeligen Frauen, Irene. Zu beiden Seiten des Königs und der Königin bildeten die Bischöfe in ihren priesterlichen Gewändern ein ehrwürdiges Geleit. Ihnen folgten die Fürsten, Grafen und Ritter. Das Volk jubelte dem Königspaar zu.

Aus einem Gedicht Walthers von der Vogelweide, der an dem Magdeburger Weihnachtsfest teilnahm, spricht die doch unverminderte sakrale Weihe und Würde des mittelalterlichen Königtums. Irene und Philipp treten uns lebendig entgegen.

Philipp trägt als eines Kaisers Sohn und eines Kaisers Bruder als dritter deren Gewandung, Krone und Zepter. Diese religiös erhöhte Verehrung, auf die Dreieinigkeit anspielend, kommt auch in den für die Gottesmutter geltenden Symbolen zum Ausdruck, die nun Irene zugesprochen werden. Walther von der Vogelweide nennt Irene Rose ohne Dorn und Taube ohne Galle. In den Versen des Dichters erscheinen Philipp und Irene wie vor dem Goldgrund der Miniatur einer kostbaren Handschrift.

Der Spruch Walthers lautet in einer unserem Neuhochdeutsch angenäherten Übertragung:

Es ging am Tag, als unser Herre ward geboren
von einer Magd, die ihm zur Mutter auserkoren
(also am Weihnachtstag),
zu Magdeburg der König Philipp schöne
(in schöner, würdiger Weise).
Da ging eins Kaisers Bruder und eins Kaisers Kind
(Bruder Heinrichs VI., Sohn Friedrich I. Barbarossas)
in einem Kleid, so wie die Namen dreifaltig sind.
Er trug des Reiches Zepter und die Krone.
Er trat sehr leise, und er war nicht gach (jäh, rasch),
ihm folgte seine hochgeborene Königin nach,
Ros ohne Dorn, eine Taube ohne Gallen
(rôs âne dorn, ein tûbe sunder gallen),
solch Zucht war nirgend anderwo.

Schon damals wurde Irene, nachdem sie, wohl bei der Krönung Philipps, vom griechisch-orthodoxen zum katholischen Glauben übergetreten war, die griechische Maria genannt. Auch ihre Grabschrift in Lorch nennt sie so.

Einen anderen festlichen Höhepunkt in ihrem Leben bildete die nochmalige Krönung Philipps und damit auch ihre Krönung am 6. Januar 1205 im Dom zu Aachen. Zwar war Philipp schon 1198 in Mainz gekrönt worden, auch mit den richtigen Insignien, doch nicht am rechten Ort und nicht durch den rechten Bischof. Das wurde nun in Aachen nachgeholt. Philipp befand sich damals im Aufstieg zur Höhe seiner Macht. Auch dieser Krönung hat Walther von der Vogelweide einen festlich-feierlichen Spruch gewidmet, in welchem Philipp in seiner menschlichen und königlichen Würde erscheint: Die Krone ist älter als König Philipp ist; dennoch könnt ihr als ein Wunder sehen, wie der Schmied die Krone für ihn passend gemacht hat. Sein kaiserliches Haupt ziemt ihr wohl. Kein Guter soll sich davon scheiden, damit das eine das andere (König und Krone) nicht schwäche. Sie leuchten beide einander an, das edle Gestein den jungen, lieblichen Mann. Solche Augenweide sehen die Fürsten gern. Wer je des Reichs irre geh, der schau, über wessen Haupt der Waise (der kostbarste Edelstein der deutschen Krone) steht: dieser Stein ist aller Fürsten Leitstern.

Das Glück konnte Irene wohl an einigen Höhepunkten ihres Lebens streifen, aber treu blieb es ihr nicht. Nicht nur die fortdauernden Kämpfe Philipps gegen Otto trübten es, sondern auch die Verhältnisse in ihrer Heimat.

1201 war ihr aus der Gefangenschaft entkommener Bruder Alexios hilfesuchend zu König Philipp gekommen; 1203 gelangte er in Byzanz wieder zur Macht, wurde aber schon im folgenden Jahr von seinem Oberstkämmerer Alexios Dukas Murtzuphlos gestürzt und getötet. Schließlich wurde, die Idee des Kreuzzugs ins Gegenteil verkehrend, unter dem Einfluß des greisen Dogen von Venedig Dandolo am 13. April 1204 Konstantinopel durch das von Bonifazius von Montferrat geführte französische (fränkische) Kreuzheer erobert, geplündert und zerstört und dem byzantinischen Reich ein Ende bereitet.

So hatte Irene den Untergang zweier Reiche und Geschlechter überleben müssen; das der Normannen in Sizilien und das ihres Vaters in Byzanz. Doch der bitterste Schmerz stand ihr noch bevor.

Gewillt, dem Krieg ein Ende zu bereiten, stimmte Philipp einem Waffenstillstand zu und begann, seine Streitkräfte aufzulösen. Nach zehnjährigem Krieg hoffte Deutschland endlich auf Frieden.

Für den Sommer 1208 hatte Bischof Egbert den König und die Königin zu sich nach Bamberg eingeladen, um sich Tage der Ruhe und Erholung zu gönnen. Am Tage Johannes des Täufers, am Morgen des 21. Juni, wurde die Ehe zwischen Otto von Meranien und Beatrix, der Tochter von Philipps verstorbenem Bruder Otto von Burgund, geschlossen und gefeiert. Nachdem Philipp dem jungen Paar eine Strecke Wegs Geleit gegeben hatte, kehrte er am frühen Nachmittag nach Bamberg zurück, um zu ruhen und sich mit seinem Kanzler, dem Bischof von Speyer, und seinem Truchsessen Heinrich von Waldburg zu unterhalten. Da drang der Pfalzgraf Otto von Wittelsbach mit blankem Schwert in den Raum und verwundete Philipp tödlich. Das war ein Racheakt dafür, daß Philipp dem zügellosen Pfalzgrafen seine Tochter, die ältere Beatrix, versagt hatte. Schon am folgenden Tag wurde der König im Bamberger Dom beigesetzt. Er stand im 30. Lebensjahr.

Die Ermordung Philipps ist der erste Königsmord in der deutschen Geschichte. Die Nachricht verbreitete sich in kürzester Zeit durch ganz Deutschland und Italien. Der päpstliche Nuntius Hugolinus, der sich in Verona aufhielt und die Ermordung Philipps durch das Domkapitel in Trient erfahren hatte, schickte einen Läufer nach Bamberg, um den genauen Hergang der Untat zu erfahren und ihn dem Papst berichten zu können.

»Dieser Läufer sagte nämlich«, so der Bericht des Hugolinus, »daß am letzten Sonnabend vor dem Fest St. Johannes des Täufers (21. Juni 1208) ... Herr Philipp mit wenigen seiner Umgebung die Stadt Bamberg betrat, nachdem er sein Heer auf dem Felde entlassen hatte. Als er um die neunte Stunde (15 Uhr) im Palast des Bischofs ruhte, trat besagter Pfalzgraf, dem Herr Philipp seine Tochter gegeben und wieder genommen hatte, mit dem Herzog von Bayern und dem Markgrafen von Istrien, dem Bruder eben dieses Bischofs, und zehn andern bewaffneten Männern in den Palast, in dem Herr Philipp ruhte, und wurde, als er an die Kammertür klopfte, in gewohnter Weise eingelassen. Als Herr Philipp von ihm, wie gewohnt, fröhliche, scherzende Worte erwartete, zog jener sofort sein Schwert, mit dem er gegürtet war, und antwortete, als Herr Philipp ihm verbot, mit dem Schwerte zu spielen: ›Dies soll auch kein Spiel für dich sein!‹ Und stracks durchbohrte er ihn, die Furcht Gottes hintansetzend, mit dem Schwerte, brachte dem Reichstruchseß Heinrich, der das Verbrechen verhindern wollte, eine tödliche Wunde bei (die sich später als nicht tödlich erwies) und erwürgte Philipp, den er bereits getötet hatte, aus Furcht, er könne noch leben. Und auf diese Weise entsprang der Mörder, geschützt durch den Beistand seiner Helfershelfer.«

Irene verließ die Stätte des grausamen Geschehens und zog sich, begleitet vom Grafen Ludwig von Württemberg, auf die Burg Hohenstaufen zurück.

Das letzte Stück ihres Lebenswegs war nur noch kurz. Die Frühgeburt, der sie am 27. August 1208, zwei Monate nach der Ermordung ihres Gatten, erlag, mag eine Folge der Erschütterung durch den Mord gewesen sein. Auch dieses Kind, an welchem sie starb, war ein Mädchen. Es trug vermutlich den Namen Regina.

Wenige Tage vor ihrem Tod vermachte sie in einem Testament einen Hof in Obereßlingen dem Kloster Adelberg. »Unbegreiflich sind viele Gerichte Gottes«, heißt es in diesem Testament; von dem verborgenen Ratschluß der göttlichen Ordnung ist darin die Rede — wir meinen Worte der von Leid im Übermaß heimgesuchten, trotzdem in den Willen Gottes ergebenen Frau zu hören. Irene — Eirene ist der griechische Name für die Göttin des Friedens; der königlichen Trägerin dieses Namens war in ihrem irdischen Leben kein Frieden gegönnt gewesen.

Die Zeit hat die Spuren des irdischen Lebenswegs Irenes nicht ausgelöscht, aber ihr Grab in der Lorcher Klosterkirche hat sich nicht erhalten. Eine der Malereien an den Pfeilern aus dem 16. Jahrhundert zeigt Irene mit Philipp im Gebet vereint; sie halten eine dreiteilige Tafel mit dem gekreuzigten Heiland, dem Opfer Isaaks und der erhöhten Schlange Mosis; darüber schwebt Maria mit dem Kinde.

Irene ist die letzte aus dem staufischen Geschlecht, die in Lorch bestattet wurde; als einzige Königin fand sie hier ihr Grab.

Aus der Lebenszeit haben sich Sitzfiguren Philipps und Irenes erhalten. Sie werden im Museum der Stadt Regensburg aufbewahrt. Sie stammen vermutlich aus dem Jahr 1207 und wurden als Erinnerung an den Aufenthalt Philipps in Regensburg am heute verschwundenen mittleren Turm der Steinernen Brücke angebracht. Das beschriftete Standbild stellt Philipp dar, der in der linken Hand den Reichsapfel hält, in der rechten ein Reliquiar, eine Schwurkapelle, über der dem König der Lehenseid geschworen wurde. Das weibliche Standbild ist unbeschriftet, doch kann es sich als Gegenbild zur Plastik Philipps nur um eine Darstellung Irenes handeln. Da sich die Figur Irenes an einer dem Wetter ausgesetzten Stelle des Turms befand, ist sie stark verwittert. Die Zeit hat an dem Bildwerk weitergeformt. Die gekrönte Königin erscheint als Mutter, die ein Kind im Schoß hält, eine Darstellung einer Königin, die in jener Zeit sonst nicht üblich ist. Sie erinnert an ein Bildnis der Gottesmutter mit dem Kinde, aber auch an eine Pietà. Wenn Walther von der Vogelweide Irene mit Maria als allem Erdenleid entrückte Rose ohne Dorn und Taube ohne Galle besungen hat, so zeigt dieses Bildwerk Irene als Mater dolorosa.

Des unglücklichen Lebens müde, krank und gebrochen, mag die noch junge Königin dennoch schweren Herzens aus dem Leben geschieden sein, denn alle ihre Töchter waren noch Kinder. Von Söhnen, die zuweilen genannt werden (Rambold und Friedrich), ist nichts Näheres bekannt.

Die Schicksale der vier Töchter Philipps und Irenes bilden ein weiteres Kapitel im Buch über Größe und Verhängnis der Staufer. Die jüngere Beatrix wurde die Gemahlin des Königs von Kastilien und León und Mutter König Alfons des Weisen; Maria wurde Herzogin von Brabant; Kunigunde wurde als Gemahlin des Böhmenkönigs Wenzel I. die Mutter des mächtigen Ottokar II. Das Schicksal aller blieb dem der Staufer mit Licht und Schatten verbunden; keines aber auf so bedeutungsvolle Weise wie das der älteren Beatrix, die für wenige Tage die Gemahlin Ottos IV., des ehemaligen Gegners Philipps von Schwaben, wurde.

Ein Historiker spricht von dem weiten Bogen zwischen der Kaisergruft in Speyer, wo auch Philipp von Schwaben Weihnachten 1214 durch seinen Oheim Kaiser Friedrich II. beigesetzt wurde, und den staufischen Kaisergräbern in Palermo. Zwischen beiden liegt die staufische Grablege im Kloster Lorch, wo Irene ruht. Beim Besuch der Lorcher Klosterkirche gedenken wir Irenes als einer anima candida mit den Worten auf ihrem verschwundenen Grab, die Crusius 1588 aufgezeichnet hat. Die Inschrift war lateinisch und lautet in deutscher Übersetzung: »Hier ruht die edle und fromme griechische Maria, König Philipps Gemahlin. Laß, Jungfrau Maria, sie auf gnädigem Pfad in den Saal des Königs gelangen!«

Irene, die ihre Kindheit und Jugend in der prächtigen Umwelt von Byzanz und dann in Palermo verbracht hatte, hatte am Ende ihrer Tage Zuflucht auf dem Hohenstaufen gesucht, im Herzland der Staufer, einer fruchtbaren und freundlichen Landschaft. Als der Tübinger Professor Crusius 1588 den Hohenstaufen besuchte und nach Lorch wanderte, »überdachte er bei jedem Schritt, auf welchem Weg und unter welchen Veranstaltungen wohl der Leichnam der griechischen Irene in jenes Kloster gebracht worden sei«.

## *Beatrix die Ältere, Gemahlin Kaiser Ottos IV. Tochter König Philipps von Schwaben*

Weil bald nach der Ermordung König Philipps von Schwaben 1208 dessen Gattin Irene von Byzanz starb, blieben ihre vier Töchter als Waisenkinder zurück. Die älteste Tochter war Beatrix. Weil eine jüngere Schwester denselben Namen trug, wird sie Beatrix die Ältere genannt. Unsere Skizze nennt sie der Einfachheit halber Beatrix.

Nur wenige Ehen der Stauferinnen wurden glücklich oder auch nur gut, keine aber ist so dunkel und verworren wie die der Beatrix.

Beatrix wurde von den Irrungen und Wirrungen ihrer Zeit heimgesucht. Ihr Leben verband sich schließlich auf Umwegen mit dem Gegner ihres Vaters und Geschlechts, dem Welfen Otto IV. Obwohl sie mit ihm nur knapp einen Monat verheiratet war, kann ihr Leben nicht losgelöst von dem Ottos erzählt werden.

Sie wurde vermutlich ein Jahr nach der Vermählung Philipps mit Irene 1198 geboren. Sie war es, die der Vater 1203 dem Papst Innozenz III. zur Verlobung mit dessen Neffen anbot, um eine Versöhnung der Staufer mit den Päpsten herbeizuführen.

Noch einige Male erscheint danach Beatrix als

Objekt politischer Erwägungen. Philipp versprach nach dem Feldzug gegen Thüringen 1204 Beatrix dem Pfalzgrafen Otto von Wittelsbach, der ihn bei dem Kriegszug unterstützt hatte. Philipp aber zögerte, sein Versprechen aufrechtzuhalten, Charakter und Lebensart des bayrischen Pfalzgrafen stießen ihn ab. Cäsarius von Heisterbach beschreibt Otto in seinem »Dialogus miraculorum« als einen hartherzigen und jähzornigen, wilden und zügellosen Menschen.

Im Frühjahr 1208 wurde im Zusammenhang mit den in Rom zwischen dem Papst und den Abgesandten König Philipps geführten Verhandlungen der frühere Heiratsplan, König Philipps Tochter Beatrix und den Neffen des Papstes betreffend, wieder aufgegriffen. Einen Monat später, am 21. Juni überfiel der Pfalzgraf Otto von Wittelsbach aus Rache für die Auflösung der Verlobung mit Beatrix in Bamberg König Philipp und tötete ihn.

Vor der Ermordung Philipps von Schwaben liegt der zehnjährige deutsche Bürgerkrieg zwischen Philipp und Otto IV.

Nach dem frühen Tod Kaiser Heinrichs VI. 1197 wurden ein Jahr später – ungeachtet des Sohnes und Nachfolgers Heinrichs, Friedrich, des späteren Kaisers Friedrich II., der als verwaistes Kind in Palermo lebte – der Welfe Otto und der Staufer Philipp zu Gegenkönigen gewählt. Nach der Ermordung Philipps war Otto IV. der alleinige König. Auf dem Reichstag in Frankfurt am 11. November 1208 wurde er wiedergewählt.

Auf diesem Reichstag führte der Bischof von Speyer, Heinrich von Scharfenberg, die zehnjährige Beatrix vor die Versammlung der Fürsten, erinnerte an die Untat des Königsmordes an Philipp, und Beatrix erbat weinend von dem Feind ihres Vaters und Geschlechts Schutz und Hilfe. Die Versammlung forderte Vergeltung für die Bluttat. Otto von Wittelsbach und dessen Mithelfer, die noch flüchtig waren, wurden geächtet, ihrer Güter und Würden verlustig und als vogelfrei erklärt. Beatrix wurde von Otto in Obhut genommen und nach Braunschweig gebracht.

Otto IV. hatte sich unter dem Vorwand solcher Hilfeleistung für die Tochter seines ehemaligen Widersachers eines Faustpfandes gegen die Staufer versichert, die staufische Beatrix sollte ein Garant für seine Herrschaft in Deutschland und im Imperium sein, zumal zwei ihrer Schwestern bedeutenden Herrscherhäusern verlobt waren. Eine Rolle spielte auch Ottos Absicht auf das sich in verworrenem Zustand befindliche byzantinische Reich, denn die Mutter der Beatrix war eine Tochter des Kaisers von Byzanz.

Nun muß auf die Persönlichkeit Ottos hingewiesen werden.

Er wurde 1182 als Sohn Heinrichs des Löwen, des großen Gegenspielers Kaiser Friedrichs I. Barbarossas, geboren, war also zwei Jahre jünger als Philipp von Schwaben. Diesem, einem zarten, blonden, milden, liebenswürdigen, gebildeten und frommen Staufer war der Welfe in jeder Hinsicht gegensätzlich, nämlich groß von Gestalt, ungewöhnlich kräftig, schroff und derb, stolz und nach Kampf und Abenteuern begierig. Den Deutschen galt er als landfremd, war er doch in England von seinem kinderlosen Oheim König Richard Löwenherz erzogen und verwöhnt worden.

Otto war einer der Ritter gewesen, die Richard Löwenherz als Geiseln stellte, als er die Geldforderungen nach der Gefangennahme durch Heinrich VI. einzulösen hatte; Otto war damals, noch sehr jung, auf dem Trifels festgehalten worden. 1196 von Richard Löwenherz mit dem aquitanischen Herzogtum und der Grafschaft Poitou beschenkt, nahm Otto an der Seite der Engländer am Kriegszug gegen den französischen König Philipp II. August teil. Schon in den Jahren des Krieges zwischen Philipp von Schwaben und Otto hatte der auf Frieden bedachte Philipp eine Verbindung seiner Tochter Beatrix mit dem Welfen erwogen; dieser Plan war vom Papst gefördert worden, aber nicht weiter gediehen.

Auf einer Versammlung am Sonntag nach Pfingsten 1209 in Würzburg, ein Jahr nach Philipps Ermordung, wurde von den Reichsfürsten der Wunsch einer Verlobung Ottos mit der staufischen

Beatrix öffentlich geäußert. Da entschied sich Otto. Er reichte vor der Fürstenversammlung Beatrix den Verlobungsring, küßte sie als seine Braut und sagte zu den Versammelten: »Schaut eure Königin; ehrt sie, wie ihr gebührt!«

Ihre Jugend – sie war elf Jahre alt – verhinderte die Eheschließung, die erst unter dem Druck der Verhältnisse nach drei Jahren überstürzt vollzogen werden sollte.

Es folgte der Italienzug Ottos und dessen Kaiserkrönung in Rom am 4. Oktober 1209 – er ist der erste und einzige Welfe, der diese Würde erreichen sollte. Als Otto, die Verträge mit dem Papst mißachtend, die päpstlichen Städte Ancona und Spoleto in Besitz nahm und sich zur Eroberung Apuliens und Siziliens anschickte, wurde er vom Papst gebannt. Was der Papst durch die Zustimmung zur Wahl Ottos und dessen Kaiserkrönung hatte verhindern wollen, nämlich die Verbindung Deutschlands mit dem staufischen Südreich, drohte Otto zu vollziehen. Der Welfe hatte den Kirchenstaat umklammert und schickte sich an, schon in Messina stehend, den jungen Friedrich, dessen Flucht in Palermo schon vorbereitet wurde, zu verdrängen. Friedrich aber war das Mündel des Papstes! Hatte Innozenz III. den Welfen Otto gegen die Staufer ausgespielt, sah er sich jetzt genötigt, den jungen Staufer gegen den ihm gefährlich gewordenen Welfen auszuspielen. Der Papst pochte auf die Rechte

Friedrichs als Sohn und Nachfolger Heinrichs VI., wodurch die Ottos in Frage gestellt wurden.

Otto mußte nach Deutschland zurückkehren, wo Friedrich 1211 zu seinem Gegenkönig gewählt worden war. Otto war nicht gewillt, zu weichen. Er führte gegen den abgefallenen Landgrafen von Thüringen Krieg, verwüstete dessen Land und drang bis Weißensee vor, das er belagerte. Noch war seine Macht ungebrochen, selbst die Schwaben leisteten ihm Heeresfolge. Während der Kampfhandlungen um Weißensee schloß Otto am 22. Juli in Nordhausen in aller Eile und unter großer Prachtentfaltung die Ehe mit Beatrix.

Was war geschehen? Was hatte ihn dazu veranlaßt?

In wenigen Tagen wurde über die Zukunft Deutschlands und des Reichs entschieden.

Otto mußte während der Belagerung des ihm hartnäckig trotzenden Weißensee die Nachricht erhalten haben, daß der achtzehnjährige Friedrich am 1. Mai in Genua gelandet und auf dem Wege nach Deutschland war. Dieser Zug von Palermo nach Deutschland wurde die erste Genietat des jungen Friedrich.

Um sich gegen Friedrich Krone und Reich zu sichern, erfolgte die überstürzte Vermählung Ottos mit Beatrix am 22. Juli 1212, doch kaum einen Monat nach der Hochzeit starb Beatrix am 11. August. Das Faustpfand war Otto aus der Hand geglitten.

Kaum daß sie die Nachricht vom Tod der Beatrix erhalten hatten, verließen ihn während der Belagerung Weißensees die Bayern und Schwaben. In Erfurt lösten sich auch die Reichsdienstmannen von ihm los.

Otto eilte nach dem Süden Deutschlands, um Friedrichs Eintritt in Deutschland zu verhindern. Er näherte sich Überlingen und sandte seine Dienerschaft und Köche nach Konstanz, wo er nach wenigen Stunden eintreffen wollte.

Friedrich war von Verona durch das Tal der Etsch bis Trient gelangt, umging den Bereich des stauferfeindlichen Grafen von Meran, nahm den beschwerlichen Weg durch die Alpen und erschien unerwartet in Chur. Über den Ruppen gelangte er Anfang September 1212 über St. Gallen vor Konstanz. Der dortige Bischof Konrad von Tegernfeld, der Otto erwartete, wollte Friedrich nicht aufnehmen. Da erinnerte der päpstliche Legat aus dem Gefolge Friedrichs, Erzbischof Berard von Bari, den Bischof von Konstanz daran, daß Otto gebannt sei und Friedrich im Einvernehmen mit dem Papst nach Deutschland gezogen sei. Daraufhin ließ der Bischof Friedrich die Tore von Konstanz öffnen und die Rheinbrücke nach Überlingen besetzen, um Otto den Einzug nach Konstanz zu verwehren.

Die drei Stunden, die Friedrich vor Otto nach Konstanz gekommen war, entschieden über das weitere Schicksal der beiden Könige, über das der

Staufer und Welfen und das Deutschlands und des Reichs. Friedrichs Stern ging auf, der Ottos verdunkelte sich.

Nun verquickt sich Ottos Lebensweg auch noch mit der Schwägerin der staufischen Beatrix, Maria, die Herzogin von Brabant geworden war.

Nachdem Friedrich am 9. Dezember 1212 in Mainz zum König gekrönt worden war, gewann er rasch die Herrschaft über Süd- und Mitteldeutschland und schickte sich an, das welfische Sachsen zurückzuerobern. Otto verließ, nachdem er sich in zweiter Ehe mit der leichtsinnigen Maria von Brabant, einer Schwägerin der staufischen Maria, vermählt hatte, Deutschland, schloß sich seinem Oheim, dem englischen König Johann »ohne Land«, einem Bruder des Richard Löwenherz, an und wurde mit den Engländern in der Schlacht bei Bouvines (zwischen Lille und Valencienne) am 27. Juli 1214 geschlagen. Die auch für Otto entscheidende und verlorene Schlacht wurde zu einem Sieg für Friedrich II. Der französische König Philipp II. August übersandte Friedrich den vergoldeten Adler der Kriegsstandarte, unter welcher Otto gekämpft, als Geschenk.

Otto zog sich mit seiner zweiten Gemahlin, der brabantischen Maria, in sein ihm verbliebenes braunschweigisches Stammland zurück.

Er starb auf der Harzburg. Das Ende des ungestümen Welfen war düster. »Von einem unsagbaren

Weltschmerz befallen«, heißt es in den Annalen des Abtes Albrecht von Stade, »so daß er seinen Köchen befahl, sie sollten auf seinen Nacken treten« (in collum suum conculbarent), starb er am 19. Mai 1218 im Alter von 44 Jahren. Die letzten irdischen Worte, die er vernommen, waren das Lied »Mitten wir im Leben sind vom Tod umfangen«, das, nachdem alle bis auf die Priester und seine Gattin das Sterbegemach verlassen hatten, gesungen wurde.

Einzele Chronisten berichten, Otto habe sterbend den Wunsch ausgesprochen, seine Gebeine nach Rom zu bringen, damit der Papst ihn vom Banne löse. Dies sei auch geschehen, bevor er im Dom St. Blasien von Braunschweig bestattet wurde, wo vier Jahre vor ihm seine erste Gemahlin, die staufische Beatrix, beigesetzt worden war. Jetzt ruhen Otto und Beatrix in dem von Herzog Anton Ulrich 1707 für die Angehörigen seines Hauses angelegten Sammelgrab. Auf dessen Messingplatte stehen auch die Namen Ottos und der Beatrix verzeichnet.

## *Kunigunde, Königin von Böhmen*
### *Tochter König Philipps von Schwaben*

Kunigunde, die nach 1199 geborene Tochter König Philipps von Schwaben und der Irene von Byzanz, war noch ein Kind, als sie mit Wenzel I., dem Sohn des staufertreuen Königs Ottokar I. von Böhmen aus dem Geschlecht der Přemysliden, verlobt wurde.

Wo und wie Kunigunde mit ihren anderen drei Schwestern nach der Ermordung ihres Vaters und dem Tod ihrer Mutter 1208 lebte, wissen wir nicht. Der Bischof von Speyer nahm sich der vier verwaisten Mädchen an, doch mögen die, welche bereits verlobt waren, frühzeitig an die betreffenden Höfe gekommen oder in Braunschweig mit ihrer älteren Schwester Beatrix herangewachsen sein.

Die Vermählung Kunigundes mit Wenzel fand 1216 in Prag statt, dahin sie mit großem Gefolge, einer reichen Ausstattung und vielen Frauen und Mädchen gekommen war. 1228 wurde sie mit Wenzel I. durch den Erzbischof Siegfried von Mainz feierlich gekrönt. Ottokar I. hatte für seinen Sohn eine kostbare Krone anfertigen lassen, die später von Karl IV. zu einem prächtigen Kleinod umgestaltet wurde.

1230 wurde Wenzel I. nach dem Tod seines Vaters böhmischer König. Er genoß im Reich hohes

Ansehen. Kaiser Friedrich II. wie der Papst Gregor IX. nannten ihn unter ihren Reichsfürsten an erster Stelle. Zeitweilig war Wenzel während der Abwesenheit des Kaisers Procurator sacri per Germaniam imperii, also Reichsverweser. Als solcher hatte er auch den widerspenstigen Sohn Kaiser Friedrichs II., Heinrich (VII.), zu überwachen.

Kunigunde war durch ihre Heirat in eines der größten und wirtschaftlich am besten gestellten Reichsländer gekommen. Der Minorit Bartholomäus Angelicus bezeichnet es in seiner Beschreibung Deutschlands aus dem Jahr 1240 nicht nur als fruchtbar, gesund, überreich an Wein und Getreide, sondern auch als ungemein ergiebig an Gold, Silber, Zinn und anderen Metallen.

Für Wenzel war Kunigunde wegen ihrer Anteile am Herzogtum Schwaben willkommen. Am Hoftag zu Eger 1235 erhielt er für den Verzicht auf das schwäbische Allod seiner Frau von Friedrich II. 10 000 Mark Abfindung.

Kunigunde war die sechzehnte jener deutschen Frauen, die seit der Gemahlin Boleslaw II. (976–999) als Gattinnen böhmischer Herzöge und Könige nach Prag kamen. Durch Kunigunde wurde der deutsche Einfluß noch verstärkt, was der Aufenthalt einiger deutscher Minnesänger am Prager Hof beweist, so des Reinmar von Zweter, Schüler Walthers von der Vogelweide und einziger bedeutender Spruchdichter nach ihm. Noch kamen die deutschen Dichter von auswärts nach Prag, aber bald schon sollte es vor allem unter dem Sohn Kunigundes, Ottokar II., selber deutsche Minnesänger und Epiker hervorbringen; der Enkel Kunigundes, König Wenzel II., sang seine Liebeslieder in deutscher Sprache.

Das Leben am Prager Hof stand dem an anderen Höfen nicht nach, nur war es durch das slawische Element lauter, bunter und prunkvoller. Daneben trat eine Frömmigkeit im franziskanischen Geist, verbreiteten sich religiös-mystische Strömungen und Weltabkehr als Folge einer sich immer mehr verwirrenden Zeit während des Kampfes zwischen dem Kaiser und den Päpsten. Von diesen Strömungen wurde die fromm erzogene Kunigunde erfaßt, ihre Vorbilder wurden die ihr verwandten heiligen Frauen, Elisabeth von Thüringen (gestorben 1231) und Hedwig von Schlesien (gestorben 1243), und die hl. Clara. Eng verbunden muß sich Kunigunde ihrer später seliggesprochenen Schwägerin Agnes gefühlt und bei Eheschwierigkeiten und in den politischen Auseinandersetzungen zwischen ihrem Gatten und Sohn Trost gefunden haben.

Um Kunigundes Schwägerin Agnes hatte der Sohn Kaiser Friedrichs II., Heinrich (VII.) geworben, doch auch der Kaiser hatte eine Verbindung mit Agnes angebahnt. Schon war die Mitgift, die Agnes erhalten sollte, festgelegt worden (30 000 Mark), ebensoviel wie Isabella von England dem

Kaiser als dessen dritte Gemahlin einbrachte. Die Pläne zerschlugen sich, da Agnes, die »dem himmlischen, nicht dem irdischen Bräutigam dienen wollte«, den Schleier nahm und in den Orden der Clarissinnen eintrat, dem sie ein Kloster erbaute. 1328 wurde sie seliggesprochen.

Der Papst wandte sich an sie, um Einfluß auf Kunigundes ungestümen und oft unberechenbaren Gatten Wenzel zu nehmen. Auch ihm war sie Rat und Halt, sie war ihm »teurer als Weib und Kind und jegliches Gut«.

Wenzel I. war seiner Schwester, aber auch seiner Gattin sehr ungleich, war ein schwieriger, von wechselnden Gefühlen umgetriebener Mann. Seine Jugend war durch die unruhigen Ereignisse um seinen ruhelosen Vater Ottokar I. beschattet, durch dessen zerrüttete Ehe mit Adelheid von Meißen, deren Scheidung sich, als vom Papst benutzte politische Handhabe, jahrelang hinzog. Wenzel schwankte unausgeglichen zwischen Kampfeslust und Menschenscheu, war gespalten zwischen schwermütiger Passivität und hektisch aufflammendem Tätigkeitsdrang in vielen grausam geführten Kriegen, besonders gegen Österreich, wo das Geschlecht der Babenberger im männlichen Stamm ausgestorben war. Nach den Kriegszügen, auch bei drohender Gefahr, konnte sich Wenzel in unauffindbar einsame Orte zurückziehen.

Das Leben an der Seite dieses Königs mochte für

Kunigunde, das Kind aus einer glücklichen Ehe, schwierig gewesen sein. Hinzu trat das unentschlossene Verhalten Wenzels im Kampf zwischen Kaiser Friedrich II. und den Päpsten, in welchem Wenzel bald auf der einen, bald auf der anderen Seite stand. Wegen seiner schwankenden Haltung wurde Wenzel vom Papst »König von Bohemia oder besser Blasphemia« genannt. Noch schwieriger wurden für Kunigunde die häuslichen Verhältnisse, als die politischen Kämpfe im Reich zum Zwiespalt zwischen Vater und Sohn, Wenzel I. und Ottokar II., führten und zum Bürgerkrieg ausarteten.

Ein erschreckendes und bedrohendes Ereignis auch für Kunigunde wurde der Einfall der Mongolen in Schlesien, also an der Grenze Böhmens. Die Gefahr war unabsehbar. Der Herzog von Schlesien war ein Schwager Wenzels. Trotz der Bedrohung des Reichs durch das asiatische Heer zögerten die deutschen Fürsten, auf den Hilferuf Wenzels Truppen zur Abwehr zu entsenden. So zog Wenzel allein mit seinem Heer gegen den herandrängenden Feind. Er kam zu spät. Herzog Heinrich von Schlesien hatte mit einem deutsch-polnischen Heer am 9. April 1241 eine Schlacht in dem Dorf Wahlstatt bei Liegnitz gewagt. Er wurde, angeblich durch einen Gasangriff, einer von den Chinesen übernommenen Kriegstechnik, vernichtend geschlagen und im Kampf getötet. Der Tod des mongolischen Großkans Ügedei veranlaßte sein Heer zum Rückzug.

Mit furchtbaren Verwüstungen des mährischen Marchtals wandte sich der Sieger nach Ungarn.

Kunigunde mußte noch erleben, daß ihr Gatte von ihrem staufisch gesinnten Sohn Ottokar II. gestürzt und aus Prag vertrieben wurde. Während der Kämpfe zwischen Vater und Sohn starb sie am 12. September 1248, wenig mehr als vierzig Jahre alt, ob in dem verwüsteten Prag oder an einem Ort, dahin Wenzel vor seinem Sohn geflohen war – wir wissen es nicht.

Was sich von ihr erhalten hat, sind durch sie gestiftete Klöster, wie das der Zisterzienser in Marienthal in Sachsen; sie hatte die Klöster Oslawan, Tischnowitz und Břewnow, die älteste Benediktinerabtei Böhmens, gefördert und das Herburgskloster Marienzelle in Brünn ausgestattet.

Eine Betrachtung über Kunigunde von Schwaben als Königin von Böhmen kann nicht abgeschlossen werden, ohne an ihren Sohn zu erinnern. Der Zug König Ottokars II. zum Imperialen mag staufisches Erbe sein. Ottokar II. wurde einer der mächtigsten und bedeutendsten Herrscher der nachstaufischen Zeit. Gerade das verhinderte seine Wahl zum deutschen König. Die Fürsten zogen ihm den wenig einflußreichen und nicht mit Gütern gesegneten Grafen Rudolf von Habsburg vor.

König Ottokar II. wurde »als ein Sproß, den das glückliche Böhmen mit dem Blute des Göttlichen (Friedrich II.) gezeugt«, gerühmt.

## *Maria, Herzogin von Brabant*
### *Tochter König Philipps von Schwaben*

Maria, die wohl zweite Tochter König Philipps von Schwaben und der Irene von Byzanz, wurde zwischen 1199 und 1206 geboren. Sie wurde schon als Kind mit Heinrich II. von Brabant verlobt, die Vermählung erfolgte 1215. 1235 ist sie gestorben.

Über ihr Leben besitzen wir nur wenige direkte Nachrichten, aber manches läßt sich aus den Quellen über ihren Schwiegervater, den Herzog I. von Brabant (1190—1235), und seinen Sohn, Marias Gemahl, Heinrich II. von Brabant (1207—1248), erschließen.

In dem skrupellosen, wechselvollen Spiel ihres Schwiegervaters und seines Sohnes, auch ihrer Schwägerin zwischen Staufern und Welfen, muß die Ehe der staufischen Maria sehr unglücklich gewesen sein. Die dunklen Fäden um ihr Leben verwirren sich unheilvoll, sie sind schwer überschaubar — der Leser muß sich die Mühe nehmen, den sich ständig verändernden Mustern zu folgen.

Brabant gehört heute zum Teil zu Belgien, zum Teil zu Holland. Die Herren über Brabant waren zunächst die Grafen von Löwen, die sich später Grafen von Lothien nannten, weil ein Teil Lothringens zu ihrem Besitztum gehörte. 1006 wurde die Grafschaft Herzogtum und seit Heinrich I. Brabant genannt. Es reichte von der Waal bis zu den Quellen der Dyle, von der Maas und Limburger Ebene an die Schelde.

Heinrich I., der Schwiegervater der staufischen Maria, der in zweiter Ehe mit Maria, der Tochter König Philipps II. August von Frankreich, vermählt war, erlangte durch die strategisch wichtige Lage seines Herzogtums und weit verzweigten verwandtschaftlichen Beziehungen zu den herrschenden Häusern einen bedeutenden Einfluß auf das politische Geschehen. Er galt in seiner Zeit, in welcher politische Gesinnung oft nach dem Vorteil geändert wurde, als der wankelmütigste und treuloseste Herrscher, auch seinen staufischen Verwandten gegenüber. Als der französische König Philipp II. August, der Schwiegervater Heinrichs I. von Brabant, 1214 die entscheidende Schlacht bei Bouvines gegen England und den Welfen Otto IV. gewonnen hatte, schickte Heinrich I., der sich wieder einmal fragwürdig verhalten hatte, dem französischen König einen Glückwunschbrief, den dieser mit zwei versiegelten Schreiben beantwortete; das erste war ganz leer, auf dem zweiten stand: »Sicut prior schedula scriptura fuit vacua, ita est dux fide vacuus et iustitia.« (So leer wie das erste Blatt an Schrift, so leer ist der Herzog an Treue und Gerechtigkeit.)

In einem solchen Ansehen stand der Schwiegervater Marias von Hohenstaufen, und auch Marias Gatte Heinrich II. war dieses Vaters würdiger Nachfolger. Von den Staufern bevorzugt und bei wichtigen Anlässen herangezogen, vergalten Vater und Sohn ihnen dies durch Abfall, Untreue, ja Gegnerschaft, was das Leben Marias von Hohenstaufen getrübt und verbittert haben mag.

Schon seit den Tagen Kaiser Heinrichs VI., der den schwankenden Herzog Heinrich I. hart anzufassen genötigt war, war das Verhältnis der Brabanter zu den Staufern ungut. 1198 stellte sich Heinrich I. von Brabant gegen die Wahl Philipps von Schwaben und verband sich mit dem Gegenkönig, dem welfischen Otto IV. von Braunschweig; der Brabanter erwog eine Verlobung seiner Tochter Maria mit dem Welfen Otto, auf die Otto aber nicht einging. Als der Erfolg sich Philipp zuneigte, trat Heinrich I. von Brabant an dessen Seite. Damals wurde mit Philipp die Verlobung jener brabantischen Herzogstochter Maria mit dem fünf Jahre alten, in Palermo lebenden Neffen Philipps, Friedrich, in Erwägung gezogen, kam aber nicht zustande. Später sollte sie den Welfen Otto IV. ehelichen. Maria stammte aus der ersten Ehe Heinrichs I. von Brabant mit Mathilde, der Tochter des Matthäus von Elsaß, Grafen von Boulogne.

1206, im Krieg zwischen König Philipp von Schwaben und Otto IV., verhalf Herzog Heinrich I. dem König Philipp zum Sieg, indem er durch eine vorgetäuschte Flucht Ottos Heer in die morastige Gegend nach Wassenberg bei Aachen gelockt hatte. Am Osterfest 1207, das Philipp als Sieger über den Gegenkönig Otto IV. in Köln feierte, nahm auch Heinrich I. teil; damals wurde die auf dem Hoftag von Gelnhausen am 9. Februar 1207 verabredete Verlobung der Tochter Philipps, Maria, die noch ein Kind war, mit dem eben erst geborenen Sohn Heinrichs I., Heinrich, vertraglich festgelegt. Unter Berufung auf seine staufische Verwandtschaft trat der sich überschätzende Herzog Heinrich I. nach der Ermordung Philipps von Schwaben als Mitbewerber um die deutsche Krone gegen Otto IV. auf, konnte sich aber gegen diesen nicht durchsetzen.

Nach dem Eintreffen des 18jährigen Friedrich II. aus Sizilien in Deutschland und dessen ersten Erfolgen, leistete Heinrich I. diesem Gefolgschaft. Heinrich war an Kaiser Friedrichs Reichstag am 2. März 1212 in Frankfurt zugegen, auch als Kaiser Friedrich II. im folgenden Jahr das Weihnachtsfest in Speyer feierte. Damals wurde der aus Bamberg übergeführte Leichnam König Philipps in der Kaisergruft beigesetzt, wozu Heinrich I. im Namen seiner Schwiegertochter die Einwilligung gab.

Schon im folgenden Jahr verhielt sich Herzog Heinrich I. wieder zweideutig, indem er von Kaiser Friedrich II. wieder zu Otto IV. überwechselte. Otto war bis 1212 in kurzer Ehe von wenigen Tagen mit Beatrix der Älteren, einer Tochter König Philipps von Schwaben, vermählt gewesen. (Über diese seltsame Ehe berichtet ein vorhergehender Abschnitt.) Am 19. Mai 1214 verlobte sich Otto in Maastricht mit Maria, der Tochter Heinrichs I., und feierte bald darauf in Aachen die Hochzeit.

Herzog Heinrich I. unterstützte seinen Schwiegersohn Otto IV., der bei Bouvines geschlagen worden war und gebrochen und hilflos nach Köln kam. Hier machte Ottos zügellose Gemahlin, eben die brabantische Maria, so große Spielschulden, daß Otto unter dem Vorwand, er gehe auf die Jagd, aus der Stadt ritt und seine in Köln verhaßt gewordene Gemahlin ihm heimlich in Pilgertracht nach Braunschweig folgte. Diese brabantische Maria mag den letzten Lebensjahren des gebrochenen und verzweifelten Welfen Otto IV. wenig Glück gebracht haben.

Auf seinem Kriegszug im August 1214 überschritt Kaiser Friedrich II. die Maas und gelangte bis Hamal bei Tongern. Nun sollte auch der Schlag gegen den ungetreuen Heinrich I. geführt werden. Bald hatte dieser seine staufische, dann wieder seine welfische Verwandtschaft ausgespielt, um bald diesen, bald jenen gegen den anderen zu verraten. Von Kaiser Friedrich II. bedrängt, kam es ihm nicht darauf an, im Handumdrehen Otto IV. zu verlassen, zu Kaiser Friedrich II. überzulaufen und Treue zu geloben. Dem Treulosen widerfuhr im Lager Friedrichs II. zu Wurselen bei Köln Gnade. Für seine Unterwerfung erhielt Heinrich I. Maastricht zu Lehen. Friedrich wollte seinen Verwandten schonen; vielleicht tat er es auch aus der Erfahrung, daß die Treue des Brabanters käuflich war.

Hier tritt der noch junge Verlobte der staufischen Maria, der siebenjährige Heinrich II., in Erscheinung. Kaiser Friedrich II. mochte dem Treuegelöbnis Heinrichs I. nicht recht getraut haben, dieser mußte seinen Sohn als Geisel stellen. So befand sich Heinrich, vielleicht auch seine Verlobte, im Gefolge des staufischen Kaisers, der ruhmvoll in Aachen einzog und dort am 25. Juli 1215 noch einmal feierlich gekrönt wurde. Er erlebte auch die Umbettung der Gebeine Karls des Großen in den prachtvollen Silberschrein, den Friedrich I. Barbarossa gestiftet hatte und auf dem Kaiser Friedrich II., der den Schrein verschloß und zunagelte, selbst als Jüngling abgebildet ist.

1235 widerfuhr Heinrich II., der nach dem Tod seines Vaters Herzog von Brabant geworden war, eine besondere Auszeichnung. Er gehörte zu jenen Rittern, welche die Schwester des Königs von England, Isabella, als Braut Kaiser Friedrichs II. abholten und nach Deutschland geleiteten. Gewiß befand sich bei der Brautfahrt von Antwerpen über Köln nach Worms, dem Ort der Vermählung und des Beilagers, Herzog Heinrichs II. Gemahlin im kaiserlichen Gefolge und erlebte die festlichen Tage ihres Vetters. Von der geradezu märchenhaften

Pracht des Brautzugs und der Vermählung wird in der Lebensbeschreibung der Isabella von England berichtet.

Die staufische Maria starb bald danach, wodurch ihr harte Schicksalsschläge, ihr Geschlecht und ihre Töchter betreffend, zu erleben erspart blieb. Friedrich II. hatte den Gatten seiner Cousine Maria mit Ehren ausgezeichnet, was Herzog Heinrich II. nicht hinderte, von Kaiser Friedrich II. abzufallen, als Papst Innozenz IV. ihn 1245 durch das Konzil von Lyon absetzen ließ. Heinrich II., der Gemahl der staufischen Maria, stellte sich auf die Seite des Gegenkönigs, seines Schwiegersohnes Heinrich Raspe von Thüringen. Beatrix, die Tochter der staufischen Maria, wurde 1241 in dritter Ehe von Heinrich Raspe IV. von Thüringen geheiratet, der fünf Jahre später Gegenkönig Friedrichs II. wurde.

Nachdem Herzog Heinrich II. seine vom Papst geförderte Wahl zum Gegenkönig abgelehnt hatte, nahm Heinrich Raspe, den sich der Kaiser vielfach verbunden hatte, die 1246 in Veitshöchheim bei Würzburg erfolgte Wahl an. Weil sie fast durchwegs durch geistliche Würdenträger erfolgt war, bekam Heinrich Raspe den Beinamen »Pfaffenkönig«. Heinrich Raspe (er hieß so nach einer Burg in Thüringen; Raspe bedeutet soviel wie der Rauhe) hatte seine Schwägerin, die heilige Elisabeth, die Gemahlin Ludwigs IV. des Frommen von Thüringen, der als Gefolgsmann am Kreuzzug Kaiser

Friedrichs II. 1227 in Apulien gestorben war, verdrängt und galt als mitschuldig an der Beseitigung seines siebzehnjährigen Neffen Hermann. Er war sowohl mit den Staufern als auch mit den Brabantern nahe verwandt. Sein Kriegsglück gegen König Konrad IV., den Sohn Friedrich II. und Vater Konradins, nahm nach dem Widerstand der Stadt Reutlingen, wo er von Konrad IV. besiegt wurde, eine Wendung. Verwundet floh er, verletzte sich durch einen Sturz vom Pferd und kam krank bis zur Wartburg, wo er am 17. Februar macht- und ruhmlos starb. Da er kinderlos war, »drang Herzog Heinrich II. von Brabant mit einem starken Heere in sein Land ein, unter dem Vorwand, seine Tochter Beatrix, die die Gemahlin des Landgrafen war, zu schützen, und übernahm sowohl das Land und die Burgen wie auch die Regierung des Landes«. (Annalen des Abtes Albert von Stade.)

Nun trat Heinrich II. neuerdings als Mitbewerber um die deutsche Krone auf, schlug dann aber den ihm nahe verwandten 19jährigen Grafen Wilhelm von Holland vor. Dessen Mutter war eine Schwester Heinrichs II., Maria, deren erster Gemahl Otto IV. 1218 gestorben war. Mit Wilhelm von Holland wurde nach Heinrich Raspe ein zweiter Verwandter der Brabanter und Staufer Gegenkönig Friedrichs II. Bei Wilhelms Wahl 1248 war Heinrich II. zugegen. Wilhelm von Holland hielt sich nur durch die großen geldlichen Zuwendungen des Papstes über Wasser.

Nun meldete sich auch wieder die Feindschaft der Welfen gegen die Staufer. Wilhelm von Holland bekam Elisabeth von Brabant, eine Tochter Herzog Ottos von Braunschweig, zur Frau. Während des Beilagers in Braunschweig am 25. Januar 1252 geriet das Brautbett durch eine umgefallene Kerze in Brand. Die Verwilderung der Sitten auch in den Kreisen des Adels machte sich bemerkbar. Als Wilhelms Gemahlin von Trifels nach Worms reisen wollte, wurde sie von dem Raubritter Hermann von Ritberg solange in Odernheim gefangengehalten, bis sie ihm alle Kleinodien ausgehändigt hatte. Der Erzbischof von Köln, ein Gegner Wilhelms von Holland, ließ das Haus in Neuß, in dem der König wohnte, anzünden, damit der König darin verbrenne. Als der König am 28. Januar 1256 mit seiner schweren Rüstung in der Gegend des Berkmeeres durchs Eis brach, wurde er von den ihm feindlichen Friesen erschlagen.

Die politischen Ereignisse in Deutschland, an denen die brabantischen Verwandten der staufischen Maria so regen und treulosen Anteil nahmen, müssen hier nicht weiter verfolgt werden. Heinrich II., der Witwer nach der staufischen Maria, der sich in zweiter Ehe mit Sophie, der Tochter des Landgrafen Ludwigs IV. von Thüringen und der heiligen Elisabeth, vermählt hatte, war bald nach seiner Beteiligung an der Wahl des Grafen Wilhelm von Holland zum Gegenkönig der Staufer am 1. Februar 1248,

41jährig, gestorben. Der Tod hinderte ihn an weiteren Untaten der Treulosigkeit.

Seltsam und hart wurde das Leben der Töchter aus der Ehe Heinrichs II. von Brabant und der staufischen Maria. Beatrix wurde mit Heinrich Raspe, Landgrafen von Thüringen und späteren Gegenkönig vermählt; ihr ist ein besonderer Abschnitt gewidmet. Die andere Tochter, Maria, war seit dem 2. August 1254, damals etwa erst 15jährig, mit dem Herzog Ludwig II. von Bayern vermählt. Ludwig II. ist der Bruder Elisabeths, der Mutter Konradins. Er führte den Beinamen des Strengen, obwohl der des Grausamen besser zu ihm gepaßt hätte. Schon zwei Jahre nach der Eheschließung ließ Ludwig seine Gemahlin ermorden. Über diesen »Gattenmord in Donauwörth« wird in dem Abschnitt über Elisabeth von Bayern, die Mutter Konradins, berichtet.

## *Beatrix die Jüngere, Königin von Kastilien und León*

### *Tochter König Philipps von Schwaben*

Beatrix die Jüngere, geboren um 1203, die jüngste Tochter König Philipps von Schwaben und der Irene von Byzanz, lebte nach der Ermordung ihres Vaters und dem Tod ihrer Mutter 1208 bei ihrer gleichnamigen älteren Schwester, die mit Otto IV. vermählt war, in Braunschweig. Nach dem Tod Ottos IV. 1218 holte sie ihr Vetter Kaiser Friedrich II. an seinen Hof. 1219 wurde sie mit Ferdinand III., dem Heiligen, König von Kastilien und León, vermählt. Sie starb 1235. Durch ihre Verwandtschaft und das Land, in das sie durch ihre Heirat kam, wurde sie die glücklichste der vier Töchter Philipps von Schwaben.

Verwandtschaftliche Beziehungen verbanden die Staufer mit den herrschenden Geschlechtern in Spanien, soweit es nicht von den Arabern besetzt war; so mit den Königen von León, Kastilien und Aragonien. Richildis, eine Nichte Kaiser Friedrich I. Barbarossas, war seit 1150 mit König Alfons VII. von León (1126—1157) verheiratet. Alfons VII. ist der Urgroßvater Ferdinands III. Dieser wurde mit Beatrix der Jüngeren durch ihren Vetter Kaiser Friedrich II., der 1209 Konstanze von Aragonien geheiratet hatte, verlobt. Etwa sechzehnjährig trat Beatrix 1219 ihre Brautfahrt von Speyer nach Spanien an.

Zunächst mag König Ferdinand III. vorgestellt werden.

1199 geboren, hatte er 1217 von seiner Mutter Berenguela Berengaria León, von seinem Vater Alfons IX. Kastilien geerbt. Unter seiner Regierung wurden beide Königreiche vereinigt. Wegen seiner erfolgreichen Kriege gegen die Araber in Spanien und Nordafrika wurde er 1671 durch Papst Klemens X. heiliggesprochen. Ferdinand war nicht nur ein tüchtiger Kriegsmann, sondern auch ein Freund der Künste und Wissenschaften. Er starb 1252.

Um die politischen Verhältnisse der Königreiche León und Kastilien, dahin Beatrix heiratete, zu verstehen, ist ein Überblick über die geschichtliche Entwicklung nötig, denn Spanien hatte im 13. Jahrhundert noch keineswegs das heutige Aussehen. Es war, auch in der Sprache, noch nicht geeint.

Seit 206 v. Chr. hatten die Römer die Halbinsel beherrscht (Hispania) und romanisiert. In den Jahren zwischen 475 und 478 nahmen sie die Westgoten unter ihrem König Eurich in Besitz und behielten sie bis zur arabischen Invasion im Jahr 711. Isidor von Sevilla (um 560 bis 636), romanischer Herkunft, nannte die Westgoten, den politisch reifsten germanischen Stamm, »das erste Volk der Welt«. Ihre mehr als 200 Jahre dauernde Herrschaft hinterließ in Spanien auf allen Gebieten Spuren, die sich bis in die Gegenwart verfolgen lassen. 34 westgotische Könige haben in dieser Zeit regiert, die bedeutendsten von ihnen werden noch heute in Spanien in Denkmälern verehrt; in der Kathedrale von Toledo wird wöchentlich eine Messe nach westgotischem Ritus zelebriert. Der Einfluß auf Baukunst, ritterliche Kultur, Rechtspflege, Heldendichtung (Cid, Waltharilied) und Volkspoesie ist unverkennbar. Noch Ferdinand III., der Gemahl der Beatrix, ließ das damals gültige westgotische Gesetzbuch ins Kastilische übersetzen. Die Krönungsformen waren bis ins 12. Jahrhundert westgotisch. Die Spanier rühmen sich der westgotischen Herkunft; der Sonnenritter redet den Don Quixotte als »godo«, also als Goten an. Die Herrscher von León nannten sich Könige der Goten, die Herrscher von Kastilien betrachteten sich als Nachfolger der westgotischen Könige. 586 waren die arianischen Westgoten zum katholischen Glauben übergetreten, 650 war das Heiratsverbot zwischen Westgoten und Romanen aufgehoben worden, die schließlich, vor allem sprachlich, das Übergewicht gewannen.

Die westgotische Vorherrschaft in Spanien wurde 711 durch die Eroberung durch die Araber (Mauren) gebrochen; sie haben dem Lande in mehr als drei Jahrhunderten eine kulturelle und zivilisatorische Blüte gebracht, die fortwirkte, als die Landstriche von den Christen zurückerobert worden waren.

Von der 795 durch Karl den Großen errichteten

nördlichen Mark am Fuße der Pyrenäen wurde Spanien allmählich dem Christentum, das von den Arabern geschont worden war, zurückgewonnen. Die Entscheidung brachte der Sieg König Alfons VIII., der Vater der Mutter Ferdinands III., über die maurischen Almohaden im Jahr 1212. Den Krieg setzte Alfons IX. und vor allem dessen Sohn Ferdinand III. erfolgreich fort.

Romanisch, westgotisch und arabisch sind die Elemente der Königreiche, in welche Beatrix kam. Ihre Struktur glich dem Südreich Kaiser Friedrichs II., der ähnliche Volkselemente zu einer Einheit verband.

Der Minister Ferdinands III., der Erzbischof von Toledo Rodrigo Ximenes de Rada, charakterisiert in seiner »Cronica Hispaniae« die Dona Beatriz de Suabia als »pulcher, composita, prudens, dulcissima« (schön, wohlgestaltet, klug, überaus lieblich), den Staufern eigentümliche Merkmale.

In Speyer wurde Beatrix von einer durch die Königsmutter Berenguela ausgewählte Gesandtschaft in Empfang genommen: dem Bischof Mauricios von Burgos, der Hauptstadt Kastiliens, dem Abt des Klosters von Arlanza in León und dem Prior der Zisterzienser von Rioseco bei Burgos. In Paris wurde Beatrix von dem Kaiser Friedrich II. befreundeten König Philipp II. August empfangen und reich beschenkt. Ein königliches Gefolge gab bis an die Pyrenäen Geleit. In Vitoria wurde die Braut von der Schwiegermutter, in Burgos von dem jungen König erwartet. Nach einem Aufenthalt mit der Königsmutter im Real Monasterio de las Huelgas fand am 30. November in der alten Kathedrale von Burgos die Trauung statt, wobei der König durch seine Mutter zum Ritter geschlagen wurde und Bischof Mauricios sein Schwert segnete.

Die 16jährige glückliche Ehe der Beatrix mit Ferdinand fällt in die noch ruhige Zeit des Landes. Das Leben am Hofe in Burgos bewegte sich gesellschaftlich, geistig und künstlerisch auf einer hohen Ebene; es stand dem in der nachbarlichen Provence und dem am Hof Kaiser Friedrichs II. in Palermo nicht nach. Die kriegerischen Auseinandersetzungen Ferdinands mit den Mauren begannen erst ein Jahr nach dem Tod der Königin. Sie führten von der Eroberung Cordobas 1236 bis zu der Sevillas 1248; das arabische Granada wurde dem König lehenspflichtig. Die vereinigten Königreiche Kastilien und León wurden durch die Eroberungen zum mächtigsten Königreich der spanischen Halbinsel.

Wehrhaftigkeit und geistige Bildung gehörten als Ideale der Zeit zueinander. 1239 gründete Ferdinand trotz seiner kriegerischen Unternehmungen gegen die Mauren die Universität von Salamanca, um das, was Italien und Frankreich an Stätten der Gelehrsamkeit und Forschung schon besaßen, im eigenen Lande zu besitzen.

Am Hof von Burgos gab es im Zuge des Übernationalen der mittelalterlichen Kultur, wohl aber auch wegen der deutschen Königin – ähnlich wie am Hof in Prag – auch deutsche Spielleute, Sänger und Musiker. Eine weit durch Südfrankreich und Spanien verbreitete Legende über das Marienwunder von Rocomadour (an der spanisch-französischen Grenze) des Peter von Sieglar (bei Siegburg), von den Spaniern Pedro de Sograr genannt, hat Alfons X., der Sohn der Beatrix, übersetzt in seine Cántigas aufgenommen. Der Gelehrte Herrmannus Alemanus (der deutsche Hermann), Übersetzer aus dem Arabischen ins Lateinische, wurde Bischof der nordspanischen Diözese Astorga. Es ist möglich, daß in Burgos auch deutsche Bauleute und Bildhauer wirkten; für den Weiterbau der Kathedrale, vor allem der Türme, sind sie nachgewiesen. Der durchbrochene Helm der Frauenkirche in Esslingen steht mit den Fronttürmen der Kathedrale im spanischen Burgos unmittelbar in Beziehung. (Hugo Kehrer: Deutschland in Spanien).

Wie viele Meister müssen im Lauf von vierzig Jahren an dem Figurenschmuck der neuen Kathedrale, deren Grundstein am 21. Juli 1221 gelegt worden war, gearbeitet haben, der so reich ist wie an keiner anderen spanischen Kirche der Gotik. Wie viele Einflüsse aus Frankreich, vor allem aus der Provence, formten nicht nur an der Architektur mit! Der Figurenschmuck ist ein Bilderbuch der ganzen Epoche. In den Statuen und Porträts der Gründer und Gönner der Kathedrale im Kreuzgang lernen wir die Menschen aus der Umwelt des burgalesischen Hofs jener Zeit kennen, den Bischof Mauricios, den König selbst, dessen Söhne und Enkel, erkennen in ihrem Ausdruck auch den Wandel der Zeit zu einer tiefen inneren Beunruhigung hin, so im Gesicht des »Infanten«. Neben den Sakralplastiken zeigt der Kreuzgang geradezu »unheimlich lebensvolle« Bildnereien eines gotischen Naturalismus, ganze Blätterwälder und Distelgestrüpp mit faunischen Masken und Fabelwesen. Wie hoch die schönen Künste geschätzt wurden, beweisen die anmutigen Darstellungen im Bogenfeld des Südtors des Domes.

Beatrix starb am 5. November 1235 32jährig. Sie wurde im Real Monasterio las Huelgas beigesetzt, das vor sechzehn Jahren die Braut vor ihrer Vermählung beherbergt hatte. Im 16. Jahrhundert, also drei Jahrhunderte später – wie lange blieben Erinnerung und Verehrung wach! – wurden ihre sterblichen Überreste in die 1579 geweihte Kathedrale von Sevilla gebracht. Der Sarkophag steht in einer architektonisch prachtvoll ausgestatteten Nische, bedeckt mit einem schwarzen, golddurchwirkten, von Isabella II. im 19. Jahrhundert gestifteten Grabtuch. Auf einem Kissen liegen Krone und Zepter.

25 Jahre nach dem Tod der Beatrix, 18 nach dem ihres Gemahls, der am 30. Mai 1252 in Sevilla starb, wurde den Ehegatten in der Kathedrale zu Burgos, an deren Grundsteinlegung Beatrix als jun-

ge Königin teilgenommen hatte, eine Doppelplastik errichtet. Die Gestalten des Königs und der Königin stehen auf einem Sockel mit dem Rücken gegen die Mauer. Ferdinand reicht Beatrix, die ihm entgegenlächelt, einen Ring. Über die männliche Plastik schrieb Carl Justi: »Die Züge Ferdinands haben den germanischen Typus wie die deutsche Braut, die noch schärfer sind in den Linien. Das westgotische Blut hatte sich in dem Hause León unvermischt erhalten.« Diese Einzelgestalten entsprechen der deutschen, nicht der französischen Plastik, die die Gruppengestaltung bevorzugte. (Wilhelm Pinder)

In der Gestalt der Beatrix werden wir an die Plastiken im Naumburger Dom erinnert, die zur selben Zeit entstanden, vor allem an die Reglindis, auch an die der Kaiserin Adelheid im Meißener Dom, die mit dem Naumburger Meister in Zusammenhang erscheint. Aber Naumburg und Burgos zeigen, wie es Hannshuber Mahn (»Kathedralplastik in Spanien«) formuliert, den Unterschied zwischen Land- und Hofadel. Der Geist dieser Plastiken erfüllt auch den burgalesischen Bildhauer, dessen Namen und Nation wir nicht kennen.

Der Künstler hat die Statue der Beatrix aus dem höfischen Geist und im Stil der europäischen, vorweg der staufischen Klassik geschaffen. Die Königin ist in reicher Gewandung dargestellt; die linke Hand hebt, wohl für das Ausschreiten des Fußes, eine Falte hoch; die Finger der rechten Hand liegen gelöst und in spielerischer Anmut um das Mantelband über den Brüsten. Dieselbe Handbewegung zeigt die Naumburger Reglindis. Kennzeichnend ist die hohe burgalesische Haube, die wir sonst nicht finden; sie wird durch ein unters Kinn gelegtes Band festgehalten. Das Gesicht erscheint im Dreiviertelprofil, fraulich reif, anmutig, freundlich, doch selbstbewußt.

Es handelt sich um kein realistisches Abbild, aber ein dennoch individuelles Bild vom Wesen der Königin, wohl stilisiert, aber, wie auch die anderen Porträtplastiken in Burgos, dem lebendigen Menschen nahe. Es ist eines der schönsten Bildwerke innerhalb der wenigen Darstellungen von Staufern, welche uns erhalten blieben. Neben diesem Antlitz tauchte in der Erinnerung das ihrer Egisheimer Vorfahrin auf, das sich porträtgetreu erhalten hat. Ob es sich bei dieser Totenmaske wirklich um das Abbild der Hildegard von Egisheim, der Gattin Friedrichs von Büren (gestorben um 1094/1096), oder um ihre Tochter Adelheid handeln mag, die Grundzüge ihres Gesichts lassen sich in dem der Beatrix auf dem Standbild der Beatrix unschwer erkennen. Überhaupt macht das Porträtbildnis aus der Kirche St. Fides in Schlettstadt deutlich, wie sehr von dieser Frau her das Antlitz der Staufer geprägt wurde.

Mag die Egisheimerin im staufischen Geschlecht weiter gewirkt haben, so ist auch bei Beatrix das mütterliche Erbe in ihren Söhnen unverkennbar.

Der erste, 1226 geborene Sohn Alfons X. ist unter der Bezeichnung des Astronomen oder des Weisen und Gelehrten in die europäische Geistesgeschichte eingegangen.

Alfons X. wurde 1252 Nachfolger seines Vaters Ferdinand III. Schon 1249 hatte er bei der Eroberung Sevillas durch seinen Mut Aufsehen erregt. Mit Hilfe des französischen Königs und des Erzbischofs von Trier und unter Berufung auf seine mütterliche staufische Herkunft wurde er 1257 mit den Stimmen der vier staufisch gesinnten Kurfürsten zum deutschen König gewählt; die vier Stimmen der welfisch gesinnten Kurfürsten erhielt Herzog Richard von Cornwall. Alfons kam nie nach Deutschland, sein Interesse galt dem staufischen Südreich. Sein von ihm beanspruchtes mütterliches Erbe, das schwäbische Herzogtum, verweigerte ihm Papst Gregor X., ein Feind der Staufer.

In Alfons gelangte die geistige Welt des Hofes von Burgos, die sich schon unter seinen Eltern reich entfaltet hatte, zur Reife. Sie ähnelt in vielem der des Hofes Friedrichs II. in Palermo. Seine Gesetzessammlung blieb bis 1501 gültig. Er erweiterte die vom Vater gegründete Universität in Salamanca, ließ die Bibel durch jüdische Gelehrte ins Spanische übersetzen, verfaßte eine Darstellung der Kreuzzüge und die erste Geschichte Spaniens. 1248 berief er fünfzig der berühmtesten Astronomen nach Toledo und vollendete 1252 die nach ihm benannten Alfonischen Tafeln; durch sie wurden die überholten Ptolemäischen Planetentafeln richtiggestellt. Er schrieb mehrere große Gedichte, so eines über die Chemie. Zu Ehren der Muttergottes dichtete er, ein Troubadour der Gottesminne, die Cántigas. Aus seinen Anregungen entstand ein Buch über Tiere und eines über Steine, Beweise für die naturwissenschaftlichen Bemühungen seiner Zeit. Neben der Falkenjagd war das Schachspiel eine der weitest verbreiteten Liebhabereien der höfischen Gesellschaft. Ein Gegenstück zu Friedrichs II. Falkenbuch ist das Schachzabelbuch (Schachbrettbuch) des Alfons, eine gelehrte und metaphysische Ausdeutung des Schachspiels. Wie Friedrich II. die Grundlage für die italienische Schriftsprache schuf, so Alfons für die spanische.

Nach einem erfolgreichen Krieg gegen die Mauren konnte er Kastilien beträchtlich erweitern. Von seinem Sohn Sancho um die Krone gebracht, suchte er Hilfe – bei den Mauren. Er starb am 4. April 1284. In seiner Verlassenheit mochte ihn der von ihm geprägte Ausspruch getröstet haben, daß der Mensch drei Dinge brauche, um glücklich zu sein: Gute Gesellschaft, gute Bücher und guten Wein.

Der zweite Sohn Ferdinands und der Beatrix, Heinrich (Arrigo), ging, nachdem er sich mit seinem Bruder zerstritten hatte, außer Landes, und zwar nach dem arabischen Tunis! Nachdem er im Dienst des dortigen Königs Erfolge und ein ansehnliches

Vermögen erworben hatte, zog er 1266 mit seinen spanischen Reitern nach Italien, wo er sich seinem Vetter Karl von Anjou anschloß. Von diesem hintergangen, wandte er sich nach Rom, wurde zum Senator gewählt, und als solcher berief er die angesehensten Welfen auf das Kapitol, ließ sie gefangensetzen (unter ihnen Ursini und Napoleon) und schloß sich, der staufischen Mutter eingedenk, Konradin an, der eben den Kampf um sein Erbe gegen Karl von Anjou begonnen hatte. Heinrich entkam nach der für Konradin unglücklichen Schlacht von Tagliacozzo, verbarg sich im Kloster San Salvatore zwischen Rieti und Terni (oder in Monte Cassino), wurde vom Abt erkannt und unter Mißachtung des Asylrechts an Karl von Anjou ausgeliefert, allerdings unter der Bedingung, daß dieser ihn als Verwandten nicht töten dürfe. Heinrich wurde zu lebenslänglichem Kerker verurteilt. Noch zweiundzwanzig Jahre später befand er sich in Gefangenschaft, die gewiß so schrecklich war wie die aller, die in die Hände Karls von Anjou geraten und nicht hingerichtet worden waren. 1291 wurde er freigelassen und starb 1304 in Kastilien.

## *Konstanze von Aragonien*
### *Erste Gemahlin Kaiser Friedrichs II.*

»Wie die Ehen Kaiser Friedrichs II. mit drei Töchtern königlicher Häuser von der Politik geschlossen worden waren, so waren auch seine rechten Söhne ohne Liebe gezeugt. Von den Gattinnen verlangte er männliche Leibeserben, denen er einst die Kronen, die er trug, überantworten konnte.« (Erich Maschke)

Kaiser Friedrich II. wurde und wird der »Stupor mundi« genannt; das kann zweierlei bedeuten: der Kaiser als einer, den die Welt bestaunt und bewundert hat und noch bestaunt und bewundert, aber auch als einer, der der Welt Schrecken einflößte. Darüber hinaus hat das Wort Stupor noch andere Bedeutungen, so die der Gefühllosigkeit.

Zum Spektrum der vielschichtigen Persönlichkeit des Kaisers gehört sein Verhalten zu seinen Ehefrauen. Ob er auch in diesem Verhalten »der erste moderne Mensch auf dem Thron« war (Jakob Burckhardt) oder das Urbild des Übermenschen (Nietzsche), bleibe der Deutung aus dem Geist der Zeit oder der persönlichen Einstellung vorbehalten. Zusammenfassend kann gesagt werden, daß der viel liebende Kaiser alles andere als ein guter Ehemann gewesen war, ganz im Gegensatz zu seinem Großvater Kaiser Friedrich I. Barbarossa, den die Zeitgenossen einen Pantoffelhelden nannten. Vielleicht besteht die Möglichkeit, das Verhältnis Friedrichs II. zu seinen Ehefrauen, das unlösbar zu seiner Persönlichkeit gehört, als »Menschliches, Allzumenschliches« oder als »Jenseits von Gut und Böse« zu betrachten.

Nach dem frühen plötzlichen Tod des Vaters, Kaiser Heinrichs VI. (1197), und dem bald darauffolgenden der Mutter, Konstanze von Sizilien (1198), blieb deren einziger Sohn Friedrich als vierjähriges Waisenkind in Palermo zurück. Daß er, ein Mündel des Papstes, bettelarm und ohne jede geregelte Erziehung wild heranwuchs, mag, sooft dies wiederholt wurde, dennoch eine Legende sein, um die äußere und innere Frühreife des Knaben, des puer Apuliae, um so wunderbarer erscheinen zu lassen. Friedrich wurde von dem stauferfreundlichen Walther von Pagliara, Bischof von Troja (1195–1231), dann Bischof von Catania (1221–1231) in Obhut genommen – Friedrich hat ihn also noch als Kaiser hochgehalten. »Er versah die Sorge für den Knaben klug und glücklich.« (Kleine sizilische Chronik.)

An seinem 14. Geburtstag, als Friedrich volljährig wurde, schrieb Papst Innozenz III. über sein Mündel: »Wie es von den Cäsaren, Seinesgleichen, heißt, kommt die Mannhaftigkeit vor der Zeit, und mit raschen Schritten läßt er das Knabenalter hinter sich zurück, tritt ein in das Alter der Einsicht und eilt mit seinen Kräften den Jahren voraus.«

In dieser Zeit war Friedrich mit Sancha, der jüngsten Tochter des Königs Alfons II. von Aragonien, verlobt; der Papst, Lehensherr über Aragonien wie Sizilien, drängte auf eine Eheschließung Friedrichs mit der älteren Schwester Sanchas, Konstanze.

Auch hier erwies sich die päpstliche Kurie, wie auch sonst, als Heiratsvermittlerin, die die Familienverhältnisse des gesamten europäischen Adels genau kannte und Ehen nach eigenem machtpolitischem Vorteil, oft unter Druck, zu schließen bestrebt war, wobei auf das Glück der Paare kein Wert gelegt wurde. Vielfach lernten die Ehepartner einander erst bei der Eheschließung kennen, zuweilen sogar erst danach.

Konstanze, die Tochter König Alfons II. von Aragonien, war zehn Jahre älter als der vierzehnjährige Friedrich und bereits Witwe nach dem ungarischen König Emerich, der 1204 gestorben war. Sie hatte ein leidgeprüftes Leben hinter sich. Ihr Gatte Emerich wurde von seinem ehrgeizigen Bruder Andreas bekämpft, der den unmündigen Sohn Emerichs und Konstanzes, Ladislaus III., verdrängte. Ladislaus kam ums Leben, und Konstanze kehrte, nachdem ihr Schwager den Thron erobert hatte, in ihre Heimat nach Aragonien zurück.

Friedrich beugte sich widerstrebend dem Wunsch des Papstes. Verlockend war die Mitgift: 500 spanische Ritter unter der Führung von Konstanzes Bruder, dem Grafen Alfons von Provence, die Friedrich zur Bekämpfung der sizilianischen Barone nötig brauchte.

Ein sizilianischer Bischof schloß als Vertreter Friedrichs im Dom von Saragossa die Ehe. Am 19. August 1209 traf Konstanze mit den 500 Rittern unter dem Grafen Alfons in Palermo ein, wo die Hochzeit mit großem Pomp gefeiert wurde.

In Aragonien, das damals am Anfang seiner Glanzperiode stand, hatte Friedrich eine Stütze für seine politischen Pläne, zumal sein Oheim Philipp von Schwaben, der in Deutschland die staufische Herrschaft gegen den Welfen Otto IV. verteidigt hatte, 1208 in Bamberg ermordet worden war. Auch im sizilianischen Königreich herrschte ein Chaos. In der älteren und gereiften Konstanze, die als ehemalige Königin in verworrenen politischen Verhältnissen Erfahrungen gesammelt hatte, fand Friedrich nicht nur eine Ratgeberin; sie war eine vornehme, gebildete Dame aus einem geistig hochstehenden Geschlecht, die auf den noch ungezügelten blutjungen Gatten einen sittigenden Einfluß ausübte.

Sie hat mit ihrem Gatten die politischen Wirren und kriegerischen Auseinandersetzungen um die Herrschaft über Deutschland und Sizilien mutig überstanden und die ersten Glanzpunkte seiner Laufbahn miterlebt. Sie ist die einzige Frau, die Friedrich auf seinen Reisen mitnahm. Ob Friedrich sie geliebt hat? Den äußeren Anzeichen nach hat er sie geschätzt, wohl auch geachtet. 1211 gebar sie ihm in ihrem einzigen Kind den Erben und Thronfolger Heinrich. Die Ehe dauerte weiterhin elf Jahre, blieb aber ohne Kinder.

Zwischen 1216 und 1220 wurde Friedrich ein »natürlicher«, also außerehelicher Sohn, Enzio, geboren. Die vermutliche Mutter war Adelheid, ein schwäbisches Edelfräulein, die einzige Deutsche, mit der Friedrich ein Kind hatte. Der von den Chronisten als schön, blondhaarig und von mittlerer Größe, als mutig und tapfer beschriebene Enzio, war vom Vater besonders geliebt worden und hatte als Knabe den Kosenamen »Falconellus« (Falkenjunge) erhalten. Er wurde als Liederdichter berühmt. Er starb als langjähriger Gefangener der Stadt Bologna 1272.

Außereheliche Verhältnisse und »natürliche« Kinder waren in der Sitte der Zeit nichts Außergewöhnliches. Bei Friedrich zeigte sich schon früh eine Neigung, die später der Neapolitaner Pandolfo Collenuccio hervorhob: »Er war ein allzugroßer Liebhaber der Frauen und hatte viele Konkubinen, und er führte eine Schar der schönsten Frauen mit sich.« Er wurde daher als »Sultan von Lucera« verspottet. (Lucera war von Friedrich für die aufständischen Sarazenen aus Sizilien bestimmt worden; sie stellten später als besonders getreue Untertanen die Leibwache des Kaisers.)

Für Konstanze ergaben sich aus der politisch ruhelosen Zeit vielerlei Gefahren. 1211 war der Welfe Otto IV., der Gegenkönig, bis vor Messina vorgedrungen und bedrohte Sizilien. In Palermo standen schon die Schiffe bereit, die Konstanze und ihr Söhnlein nach Nordafrika bringen sollten.

Konstanze bangte vor dieser Flucht, hatte sie doch ihren fünfjährigen Sohn Ladislaus aus erster Ehe ebenfalls während kriegerischer Wirren verloren. Es kam nicht so weit. Otto IV. zog sich, vom Papst gebannt, nach Deutschland zurück.

Ende Februar 1212 unternahm Friedrich, damals 18 Jahre alt, von den deutschen Fürsten zur Annahme der Kaiserkrone gerufen, die abenteuerliche Reise nach Deutschland. Konstanze bangte um ihn und versuchte ihn zurückzuhalten; sie stellte dem nur von wenigen Getreuen begleiteten Gatten die Gefahren eines Krieges vor, verwies auf die Ermordung seines Oheims Philipp von Schwaben, und bat, sie mit dem Knaben Heinrich nicht schutzlos in Sizilien zurückzulassen. Friedrich übertrug Konstanze für seine Abwesenheit die Herrschaft über das unruhige Sizilien, ein Zeichen dafür, welches Vertrauen er ihr entgegenbrachte. Seine Herrschaft über Sizilien war noch keineswegs gefestigt. Seine Hauptstütze, die 500 spanischen Ritter, waren mit dem Grafen Alfons von Provence zum größten Teil einer Seuche erlegen. Friedrich wagte den gefährlichen Zug nach Deutschland und gewann die Krone.

1216 rief Friedrich seine Gemahlin nach Deutschland. Sie sah ihren Gatten nach vier Jahren als gekrönten König wieder und erlebte die Freude, daß ihr Sohn mit dem Herzogtum Schwaben belehnt wurde, das Rektorat über Burgund übertragen erhielt, schließlich in Frankfurt zum deutschen König gewählt wurde. Friedrich konnte aufatmen: 1218 war der hartnäckige Gegner der Staufer, Otto IV., gestorben.

Schließlich kam auch für Konstanze der große Tag der Kaiserkrönung in Rom am 22. November 1220.

Friedrich hatte sich acht Jahre in Deutschland aufgehalten, davon war Konstanze vier Jahre bei ihm gewesen. Im September begann das zahlreiche Gefolge, das sich auf dem Lechfeld bei Augsburg versammelt hatte, über den Brenner nach Bozen zu ziehen. Acht Jahre vorher hatte sich Friedrich über die Alpenpässe nach Deutschland durchschlagen müssen. Nun kehrte er, Deutschlands sicher, nach Italien zurück. In Rom bewegte sich der festliche Zug auf der Via Triumphalis durch die Porta Collina zur Peterskirche. Bei der Feier trug Friedrich den prachtvollen Krönungsmantel seines Großvaters Roger von Sizilien, aufs Haupt wurde ihm die Krone Karls des Großen gesetzt. Kaiserin Konstanze wurde zur Kaiserin gekrönt. Schon lange hatte keine Kaiserkrönung so feierlich und ungestört stattgefunden, »ohne jede Behelligung durch die Römer, wie es kaum von einem Kaiser gehört worden ist«. (Salimbene von Parma.) Das Volk jubelte.

Von nun an ward Konstanze ein ruhiges Leben an der Seite Friedrichs gegönnt. Der 26jährige Kaiser stand in der Blüte seiner Schaffenskraft und seines Ruhmes. Aber Konstanze war nur noch eine kurze Lebenszeit vorbehalten. Sie starb nach 13jähriger Ehe am 23. Juni 1222 in Catania.

Sie wurde in einem antiken Sarkophag im Dom zu Palermo beigesetzt, in einem mit Gold und Perlen bestickten karmesinroten, von Juwelen bedeckten Gewand; von dem mit Edelsteinen verzierten Diadem mit kufischen Schriftzeichen und eingravierten Delphinen hängen an den beiden Seiten nach Art der Krone byzantinischer Kaiserinnen Juwelenketten herab.

Konstanze ist die einzige seiner vier Frauen, die neben dem Kaiser ruht. Ihre Grabinschrift lautet:

Ich war Siziliens Königin und Kaiserin, Constantia, Hier wohn ich nun, Friedrich, Deine Frau.

## *Jolanthe von Jerusalem*
### *Zweite Gemahlin Kaiser Friedrichs II.*

Die zweite Ehe Kaiser Friedrichs II., die 1225, drei Jahre nach Konstanzes Tod, geschlossen wurde, dauerte nur drei Jahre. Auch zu dieser Ehe hatte der Papst gedrängt, auch ihr hatte Friedrich nur widerwillig zugestimmt.

Die französische Syrerin Jolanthe (auch Isabella genannt) war die Tochter des Johann von Brienne und der Maria von Jerusalem, einer Enkelin Amalrichs I. von Jerusalem; von ihrer Mutter hatte sie den Königstitel geerbt. Jolanthe brachte ihn ihrem Gatten als Mitgift ein; aber nicht mehr, denn die Grafen von Brienne waren, wenngleich hochgebildet, so doch arm. Sie hatten an allen bisherigen Kreuzzügen teilgenommen und trieben als deren Strandgut durch die nahöstlichen Länder und deren Geschichte.

1187 war das Königreich Jerusalem an den Sultan Saladin von Ägypten verlorengegangen, weswegen Jolanthe nur noch der Königstitel zukam. Der Papst hatte die Ehe Friedrichs mit Jolanthe als Erbin des Königreichs Jerusalem darum gewünscht, weil Friedrich noch immer zögerte, das bei seiner Krönung 1215 in Aachen abgelegte Kreuzzugsgelübde einzulösen.

Jolanthe, 1211/1212 geboren, durch ihre Schönheit, Vornehmheit und Bildung weithin bekannt, war erst 13/14 Jahre, als sich der doppelt so alte Friedrich entschloß, sie zu heiraten. Wieder wurde zunächst die Trauung ohne den Bräutigam in der Heiligkreuzkirche in Akkon vollzogen, wobei der spätere Erzbischof von Capua den Kaiser vertrat. In Tyrins wurde Jolanthe zur Königin von Jerusalem gekrönt; die Barone und Ritter ihres Königreiches huldigten ihr.

Sie wurde mit zwanzig Galeeren, begleitet von hohen geistlichen und weltlichen Würdenträgern, über Zypern, wo sie ihre Tante, die Königin Alice von Zypern, besuchte und schweren Abschied nahm, nach Brindisi gebracht. Diese Brautfahrt wird in dem deutschen Epos »Ortnit« wie ein Märchen erzählt.

Am 9. November 1225 schritten Friedrich und Jolanthe von Brienne über den Mosaikfußboden der Kathedrale mit der Darstellung der Rolandsage an den Traualtar.

Unter dem Gefolge Jolanthes befand sich eine ihrer Nichten. Sie gefiel dem Kaiser besser als die ihm eben angetraute Frau, so daß er diese in der Brautnacht vergaß und sich der Nichte widmete.

Am Morgen gab es deswegen einen heftigen Familienstreit. Der empörte Vater Jolanthes zürnte seinem Schwiegersohn, der ihm den Titel des Königs von Jerusalem genommen (tatsächlich stand er nur seiner Tochter zu) und seine Tochter mißachtet habe; er beschimpfte seinen Schwiegersohn als Sohn eines Schlächters – ein alter Vorwurf, Friedrich sei seiner schon zu alten Mutter als Sohn eines Fleischers unterschoben worden; er warf Friedrich vor, er stelle seinen Verwandten mit Gift und Dolch nach. Ein Wort gab das andere, Johann von Brienne verließ Brindisi im Zorn und reiste nach Rom, um dem Papst brühwarm zu berichten, was vorgefallen war. (Später bekämpfte Johann von Brienne an der Seite des Papstes Friedrich II.; nachdem durch den fragwürdigen vierten Kreuzzug das byzantinische in ein »lateinisches« Kaiserreich umgewandelt worden war, wurde er 1229 Mitkaiser von Konstantinopel, während Friedrich II. während seines Kreuzzugs sich die Königskrone von Jerusalem erwarb.)

Mit dem Liebesabenteuer des Kaisers in seiner Hochzeitsnacht wird ein Liebesgedicht in Zusammenhang gebracht, Verse an die Fior di Soria (Syrerblume), ein Sehnsuchtslied an die ferne Geliebte, ohne die der Geliebte wie Schnee schmilzt (sciolglio come neve), ohne die ihm ein Tag zu tausend Jahren wird – geh, mein seliges Lied, hin zur syrischen Blume – Canzonetta gioiosa, va là, fior di Soria!

Das Gedicht steht am Anfang vieler italienischer Lyrikanthologien. –

Getrübt wie der Hochzeitstag blieb auch das künftige Leben Jolanthes – es dauerte nur noch drei Jahre.

Zunächst lebte Jolanthe auf dem Schloß Terracina bei Salerno, dann in Sizilien, wohl im königlichen Palast in Palermo, in Pracht und Luxus, aber wie eine Orientalin abgesondert im kaiserlichen »Harem«. 1226 brachte sie ein Mädchen zur Welt, das bald nach der Geburt starb.

Während der Vorbereitungen zum Kreuzzug Friedrichs 1227 war Jolanthe beim Kaiser in Apulien. Zum Schutz vor der sich ausbreitenden Seuche wurde sie nach Otranto gebracht, wo sie Ende April 1228 den Sohn Konrad gebar. Zehn Tage später starb sie an den Folgen der Geburt. Sie wurde in der Krypta des Domes von Andria bestattet, unweit von Castel del Monte. (Auch die dritte Gemahlin Friedrichs, Isabella von England, wurde dort beigesetzt.) Ihr Grab ist verschollen.

Ein Gerücht will wissen, daß sie mit dem Landgrafen Ludwig von Thüringen, dem Gemahl der hl. Elisabeth, der zum Kreuzzug nach Brindisi gekommen war, an einem Liebestrank gestorben sei.

Im Todesjahr Jolanthes trat Friedrich II., obwohl vom Papst gebannt, endlich den einige Male verschobenen Kreuzzug an, wohl in der Absicht oder doch mit dem Nebengedanken, nun richtiger König von Jerusalem zu werden. Er führte den Kreuzzug ohne Krieg und erhielt durch Verhandlungen mit dem ägyptischen Sultan al-Malik al-Kamil durch einen für zehn Jahre geschlossenen Vertrag Jerusalem, Bethlehem und Nazareth. Am 18. März 1229 setzte sich Friedrich in der Kirche des Heiligen Grabes, weil kein Priester den Gebannten zu krönen wagte, die Krone von Jerusalem selber aufs Haupt – übrigens aus der Gesinnung seiner normannischen Vorfahren, die sich von Christus und nicht vom Papst gekrönt meinten.

Das Vermächtnis der kurzen Ehe mit Jolanthe blieb der Sohn Konrad. Weil der in der ersten Ehe geborene Nachfolger König Heinrich (VII.) abgesetzt und bis zu seinem Tod in der Gefangenschaft des Vaters gehalten worden war, trat Konrad als Konrad IV. die Nachfolge Kaiser Friedrichs II. an. Er wurde der Vater Konradins.

Sieben Jahre nach dem Tod Jolanthes heiratete Friedrich in dritter Ehe die dritte Tochter des englischen Königs Johann »ohne Land«.

## *Isabella von England*

### *Dritte Gemahlin Kaiser Friedrichs II.*

Seine dritte Ehe schloß Kaiser Friedrich II. nicht auf Wunsch oder Drängen des Papstes. Er hatte sich von sich aus dazu entschlossen.

Isabella, 1214 geboren, war die dritte Tochter des englischen Königs Johann »ohne Land«. Ihr Großvater Heinrich II., der die Häuser Anjou und Plantagenêt vereinigt hatte, war mit der berühmt-berüchtigten Eleonore von Aquitanien nach deren Scheidung vom französischen König Ludwig II. vermählt. Isabellas Oheim war Richard Löwenherz, den Kaiser Heinrich VI., der Vater Friedrichs II., auf dem Trifels gefangen gehalten und erst gegen ein Lösegeld, das die Staatsfinanzen Englands nahezu ruinierte, freigelassen hatte; mit diesem Lösegeld hatte Heinrich VI. Sizilien erobert. Isabellas Brüder waren König Heinrich III. und Richard von Cornwallis. Ihr Vater Johann »ohne Land«, gestorben 1216, war ein unausgeglichener, schwächlicher und ruheloser Mann gewesen, ein eifriger Jäger, wegen seines starken Essens dick, feig und geldgierig.

Schon einmal hatte ein Staufer um dessen Tochter Isabella geworben, war aber abgeschlagen worden: Heinrich (VII.), der Sohn Kaiser Friedrichs II. Zehn Jahre später bewarb sich der Kaiser selber um Isabella. Eine seiner Absichten war, die Welfen, die in England Sympathien genossen, in den Hintergrund zu drängen. Die Schwester des Johann »ohne Land« und des Richard Löwenherz, Mathilde, war mit dem Welfen Heinrich dem Löwen vermählt gewesen.

Friedrich schrieb dem Bruder Isabellas, als er um sie warb: er wolle heiraten, weil Gott die Ehe eingesetzt, ohne welche die Fürsten des Erdkreises keinen Bestand haben können. Friedrich verstand, den Empfängern seiner Briefe nach dem Munde zu reden und sie über seine wirkliche Gesinnung zu täuschen. Die Hochachtung vor der christlichen Ehe klingt um so seltsamer, als Friedrich damals bereits sein Liebesverhältnis zu Bianca Lancia unterhielt.

Einige Chronisten, vor allem Roger von Wendover, haben über das Leben Isabellas eingehend berichtet. Ihre Aufzeichnungen lesen sich wie Schilderungen in einem mittelalterlichen Epos. Sie sollen selber zu Worte kommen.

»In diesem Jahr (1235) kamen im Monat Februar zwei Tempelritter, von Kaiser Friedrich geschickt, mit anderen Rittern und Gesandten zum König (Heinrich III.) von England nach Westminster und brachten ein mit einer goldenen Bulle versehenes Schreiben, in dem der Kaiser Isabella, die Schwester des Königs, zur Ehe verlangte. Sie kamen am 23. Februar zum König und baten um eine Antwort auf das Schreiben und ihre Bitte, um dem Herrn Kaiser die Entscheidung des Königs melden zu können. Der König von England aber, der diese Angelegenheit sehr ernst nahm, beriet sich mit den Bischöfen und Großen seines Reichs drei Tage lang. Diese prüften alle Umstände sorgfältig und kamen einmütig zu der Ansicht, daß man dem Kaiser die Prinzessin geben solle. So antwortete er dann am 27. Februar und bewilligte die verlangte Eheschließung. Als nun die Gesandten um die Erlaubnis baten, die Prinzessin zu sehen, schickte der König vertrauenswürdige Boten in den Turm von London zu seiner Schwester, die dort unter wachsamer Obhut gehalten wurde. Diese führten sie ehrfurchtsvoll nach Westminster und stellten in Gegenwart des Königs die schöne Prinzessin, die einundzwanzig Jahre zählte (der Kaiser war 31), in blühender Jugend erstrahlte und mit königlichen Gewändern sowie auch nach entsprechender Sitte geschmückt war, den kaiserlichen Gesandten vor. Nachdem sich diese einige Zeit an ihrem Anblick erquickt und sie des kaiserlichen Bettes in allem für würdig erachtet hatten, bekräftigten sie im Namen des Kaisers den Ehebund durch einen Eid und boten ihr seitens des Kaisers den Verlobungsring. Nachdem sie ihr diesen an den Finger gesteckt hatten, begrüßten sie sie als Kaiserin des Römischen Reiches mit dem gemeinsamen Rufe: ›Es lebe die Kaiserin! Sie lebe!‹« (Roger von Wendover)

Laut Hochzeitsvertrag wurden dem Kaiser als Mitgift 30 000 Mark besten Silbers zugestanden, im

Fall des Versäumnisses noch 10 000 Mark als Strafe.

Die Chronisten sprechen einhellig von der großen Schönheit Isabellas, von ihrer Liebe zu den Künsten, besonders zur Musik, und von der Redegewandtheit, die auf Friedrich Eindruck machte. Überall, wohin sie kam, war das Volk von ihr begeistert.

»Der Aufwand für diese Hochzeit war derartig, daß er fast über königlichen Reichtum hinauszugehen schien. Denn zum Schmucke der Kaiserin wurde eine Krone aus reinstem Golde und mit kostbaren Edelsteinen in kunstvoller Arbeit hergestellt, auf der vier englische Könige, Märtyrer und Bekenner, vom König eigens als Schutzheilige seiner Schwester bestimmt, dargestellt waren. Die goldenen Ringe und Münzen, die mit wertvollen Steinen geschmackvoll verziert waren, der übrige schimmernde Schmuck, die seidenen und leinenen Kleider und Ähnliches, was Augen und Herzen der Frauen zu berücken und mit Sehnsucht zu erfüllen pflegt, verliehen ihr einen solchen Glanz, daß alles märchenhaft erschien, und in den verschiedenen Festgewändern aus Seide, Wolle und Leinen von unterschiedlicher Farbe und kaiserlicher Pracht erstrahlte sie derartig, daß man kaum entscheiden konnte, in welchem sie das Herz des Kaisers gewinnen werde. Auch das Brautbett war mit seinen bunten seidenen Decken und Kissen und mit seinen Laken aus feinster Leinwand und allem übrigen Zubehör so kostbar, daß es in seiner Weichheit den Ruhenden zu sanftem Schlummer einlud. Alle Gefäße ferner, sowohl die für Wein als auch die für Speisen, waren aus reinstem Silber oder Gold, und sogar sämtliche Kochtöpfe – und dies erschien allen überflüssig – waren aus reinstem Silber. Zur Beaufsichtigung und Bewachung all dieser Dinge waren Leute vom Hofe abgeordnet, die der Kaiserin und ihrem Gefolge nach königlicher Art dienen sollten.

Durch solche und viele andere Ehren von ihrem Bruder, dem König, ausgezeichnet und mit Geschenken überhäuft, blieb die Kaiserin unter der Obhut des Bischofs (Wilhelm) von Exeter und des königlichen Seneschalls Radulf, des Sohnes des Nikolaus, und anderer Edelleute aus dem königlichen Hofstaate sowie adliger Frauen und hochgeborener Mädchen, die alle, in höfischer Zucht erfahren, ihr folgen und zu Gebote stehen sollten.

Nach all diesen Anordnungen feierte der König am Tage des heiligen Johannes vor der Porta latina (6. 5.) mit dem Erzbischof (Heinrich) von Köln und den übrigen Gesandten des Kaisers zu Westminster ein prächtiges Fest. Am nächsten Tage machten sich alle bei dem Flecken Dartford auf den Weg, in Begleitung des Königs nebst einem großen Gefolge von Grafen und Baronen. Der König hatte ihnen aber so viele und so gute Pferde verschiedener Farbe und sanfter Gangart gegeben, daß sie der Würde der Kaiserin entsprachen und zudem ihre Reiter ohne Behelligung der Beine mit einer gewissen angenehmen Leichtigkeit trugen. Ihr Schmuck aber war so mannigfaltig, mit vergoldeten und fein gearbeiteten Sätteln, mit vergoldeten Gebissen und Trensen und kunstvoll verzierten Zäumen, daß er sowohl die Pferde wie auch die Reiter herrlich zierte.

Als sie durch die Stadt Rochester zu der Abtei Faversham gekommen waren, zogen sie von da nach Canterbury und besuchten des Gebetes halber den heiligen Erzbischof und Märtyrer Thomas; und nachdem sie hier ihre Andacht verrichtet hatten, gelangten sie zum Hafen von Sandwich, nunmehr an die dreitausend Reiter. Der König hatte nämlich an alle ringsum liegenden Abteien geschickt und jedem Abte gebieterisch befohlen, anständige Pferde mit entsprechenden Reitern zu stellen, um seine Schwester an das Meer zu geleiten. Die Kaiserin aber und der Erzbischof von Köln und die übrigen edlen Herren und Damen des Gefolges bestiegen am 11. Mai die Schiffe, die Segel wurden gehißt, und sie vertrauten sich dem Meere an. Auch an Tränen fehlte es nicht, als der Bruder von der Schwester, der König von der Kaiserin schied.

Sie segelten drei Tage und ebensoviele Nächte und liefen dann in die Mündung des Rheines (richtig: Schelde) ein, und nach Verlauf eines weiteren Tages und einer Nacht landeten sie bei Antwerpen, also auf Reichsboden. Bei ihrer Landung lief ihnen eine unzählige Menge bewaffneter Edelleute entgegen, die der Kaiser zur Bewachung der Kaiserin geschickt hatte, um ihre Person Tag und Nacht unter gewissenhafter Obhut zu wissen. Es waren nämlich einige von den Feinden des Kaisers mit dem König von Frankreich verbündet, die, wie man sagt, die Kaiserin entführen wollten, um die Eheschließung zu verhindern. Auch die gesamte Geistlichkeit der Umgegend kam ihr in feierlicher Prozession unter Glockengeläut und Jubelgesängen entgegen. Mit ihr kamen alle Künstler und Meister jeglicher Art von Musik mit ihren Instrumenten, die die Kaiserin in aller hochzeitlichen Freude fünf Tage lang auf dem Wege nach Köln begleiteten (wo sie am 24. Mai eintrafen). Als man aber dort von ihrer Ankunft vernahm, zogen ihr an die zehntausend Bürger aus der Stadt mit Blumen und Palmzweigen und festlichen Kleidern entgegen. Sie saßen auf spanischen Pferden, die sie mit den Sporen zu schnellem Laufe antrieben, und brachen im Buhurt Lanzen und Rohrstöcke, die sie in den Händen trugen, gegeneinander. Es kamen auch — als besonders ausgedachte Überraschung — Schiffe, die scheinbar auf dem Trockenen ruderten und von versteckten, durch seidene Decken verhüllten Pferden gezogen wurden; auf diesen Schiffen spielten Geistliche auf wohlklingenden Instrumenten zur Freude der Zuhörer liebliche, bisher nicht gehörte Weisen.

Unter solchen Freudenbezeigungen führten sie die Kaiserin durch die anläßlich ihrer Ankunft mannigfach geschmückten Hauptstraßen der Stadt. Da jene aber bemerkte, daß alle und besonders die edlen Matronen, die auf ihren Söllern saßen, ihr Antlitz zu sehen wünschten, nahm sie Hut und Schleier ab, so daß alle sie ungehindert anschauen konnten. Darob lobte man sie nicht wenig, erquickte sich eine Zeitlang an ihrem Anblicke und pries ihre Schönheit wie auch ihre Herablassung aufs höchste. Die Kaiserin wohnte aber wegen der Unruhe und des Lärms außerhalb der Stadt und erwartete hier die Befehle des Kaisers.« (Roger von Wendover)

Dieser hatte inzwischen ein bitteres Geschäft zu erledigen gehabt, dem er hart, ja grausam oblag: Die Absetzung und Einkerkerung seines unbotmäßigen Sohnes König Heinrich (VII.). Während Heinrich in Worms gefangen saß, feierte der kaiserliche Vater die Hochzeit mit jener Frau, um die Heinrich einmal vergeblich geworben hatte.

»Sobald der Kaiser also jenen in strenge Haft gebracht hatte, schickte er nach der Kaiserin, auf daß sie zu ihm komme, nachdem sie sechs Wochen in Köln zugebracht hatte. Der Erzbischof (Heinrich) von Köln, der Bischof (Wilhelm) von Exeter und die übrigen zur Begleitung der Kaiserin Abgeordneten machten sich mit ihr auf den Weg und brachten sie nach einer Reise von sieben Tagen in allem hochzeitlichen Prunk und Jubel zum Kaiser. Bei ihrer Ankunft empfing sie der Kaiser mit großer Freude und Ehre, zumal ihm der Anblick der Prinzessin, die die Natur gewissermaßen mit besonderer Sorgfalt geschmückt hatte, über alle Maßen gefiel. Er vermählte sich also dort (in Worms) am 20. Juli, einem Sonntag (richtig: 15. Juli), mit ihr. Gefiel sie ihm schon bei dem leiblichen Anblick, so noch viel mehr in den Freuden des Ehebettes, wo er sie als reine Jungfrau erkannte, und als er ihren Charakter kennenlernte und sie hervorragend und mit der Gabe anmutiger Beredsamkeit ausgestattet fand.

Bei dem Feste der Vermählung der Kaiserin Isabella, der Schwester des Königs (Heinrich III.) von England, waren bei Mainz (am 15. 8.) und Worms vier Könige, elf Herzöge und dreißig Grafen und Markgrafen zugegen, ohne die Kirchenfürsten.

Nachdem die Hochzeit vier Tage hindurch mit großer Pracht gefeiert worden war, nahmen der Bischof (Wilhelm) von Exeter und die übrigen, die mit der Kaiserin gekommen waren, Urlaub vom Kaiser und kehrten voller Freude nach England zurück. Der Kaiser aber schickte dem König von England drei Leoparden (als Zeichen seines königlichen Wappenschildes, auf dem drei schreitende Leoparden abgebildet sind) nebst anderen kostbaren Geschenken, an denen die westlichen Gegenden keinen Überfluß haben.

Nachdem dann also fast alle Leute beiderlei Geschlechts, die am Hofe der Kaiserin in ihrer Heimat erzogen und ausgebildet worden waren, nach England zurückgeschickt worden waren, übergab der Kaiser die Kaiserin mehreren maurischen Eunuchen und ähnlichen alten Ungetümen zur Obhut.« (Roger von Wendover)

Bei der neuen Kaiserin blieben nur zwei ihrer englischen Dienerinnen zurück: die Londonerin Katherine, die in der berühmten englischen Stickkunst bewandert war, und vermutlich ihre Kinderfrau Biset. (Diese Maßnahme war keine Willkür Friedrichs, sondern entsprach der Sitte der Zeit, die Braut von den Menschen der Heimat zu lösen, um sie ins neue Land einzugewöhnen. Noch die Tochter der Kaiserin Maria Theresia, Marie Antoinette, mußte sich aller Erinnerungsstücke an die Heimat, selbst ihrer Garderobe, entledigen, bevor sie nach Frankreich zu Ludwig XVI. gebracht wurde.)

Das Geschenk von drei Leoparden des Kaisers an den König von England entspricht der Vorliebe Friedrichs für exotische Tiere, deren er sich eine ganze Menagerie hielt, die ihn oft auf Reisen begleitete (so auch nach Wimpfen zur Gefangennahme seines Sohnes) und die er dem schaulustigen Volk mitsamt den exotischen Führern der Tiere präsentierte. Das tat er nun auch in Kolmar, wohin er mit Isabella zog, nachdem er Weihnachten 1235 in seiner elsässischen Lieblingsresidenz Hagenau gefeiert hatte.

Noch ein wichtiges Ereignis, daran er Isabella teilnehmen ließ, lag vor seiner Rückkehr nach Italien. Im Mai 1236 begab er sich nach Marburg zur Erhebung der 1235 heiliggesprochenen Elisabeth, der Gemahlin des Landgrafen Ludwig von Thüringen, der 1227 in Brindisi vor dem Kreuzzug der Seuche erlegen war. Elisabeth war Friedrichs Tante.

Friedrich versäumte nicht, einen überschwenglichen Bericht an den Ordensgeneral der Franziskaner zu verfassen (die heilige Elisabeth hatte nach der franziskanischen Regel gelebt), wohl in der Hoffnung, er werde dem Papst vorgelegt werden.

Bei der Gesinnung Friedrichs gegenüber dem Christentum ist die Verehrung der Heiligen nicht ernst zu nehmen. Friedrich wußte sehr wohl, wodurch er dem Volk imponieren konnte. Auf Selbstpropaganda hat er sich gut verstanden.

Nachdem es Friedrich gelungen war, auf dem Hoftag in Speyer die Wahl seines Sohnes Konrad bestätigen zu lassen und dadurch die Nachfolge zu sichern, kehrte er mit Isabella nach Italien zurück.

Während der kriegerischen Auseinandersetzungen des Kaisers mit den lombardischen Städten, lebte Isabella in Noenta bei Padua, wo der Kaiser sie besuchen konnte.

Ende 1236 hatte Isabella eine Tochter, Margareta, zur Welt gebracht. Sie wurde schon zweijährig dem Markgrafen Albrecht dem Entarteten von Meißen verlobt; die Ehe wurde 1254/1255 geschlossen und wurde unglücklich. Margareta mußte sich dem gewalttätigen Gatten durch die Flucht entziehen.

1238 wurde Isabella von ihrem Bruder Richard

von Cornwallis besucht. Darüber berichtet der Chronist Matthäus von Paris:

»Graf Richard also nahm seinen Weg zum Kaiser durch verschiedene Städte, wo er mit höchster Freude und Ehre empfangen wurde, indem ihm die Bürger und die Bürgersfrauen mit Pauken und unter Gesängen, mit Zweigen und Blumen, in festlichen Kleidern entgegeneilten, einige von den Rittern auf wertvollen Pferden, da ihr Herzog das alles auf Anordnung des Kaisers besorgt hatte.

Als nun der Graf zu diesem kam, wurde er mit wechselseitigen Umarmungen und Küssen ehrenvoll empfangen, unter lebhaftestem Beifall aller Anwesenden. Sie erfreuten sich nunmehr der erwünschten Gespräche und ergötzten sich wie Freunde mehrere Tage lang mit vielfältigen Unterhaltungen. Der Kaiser ließ ihn durch Bäder, Aderlässe und medizinische Stärkungsmittel nach den Anstrengungen der Seefahrt versorgen, um seine Kräfte allmählich wieder voll herzustellen.

Nach einigen Tagen konnte der Graf Richard mit Erlaubnis und wohlwollender Zustimmung des Kaisers mit seiner Schwester, der Kaiserin, die ersehnte Unterredung führen und nach Belieben ausdehnen. Und auf Befehl des Kaisers sah er zu seinem großen Vergnügen ihm unbekannte Spiele und Vorstellungen zum Klange musikalischer Instrumente, die alle zur Erheiterung der Kaiserin aufgeführt wurden. Zwei wohlgestaltete sarazenische Mädchen nämlich stellten sich auf dem glatten Estrich mit den bloßen Füßen auf vier Kugeln, jede auf zwei, und auf diesen Kugeln, sie fortrollend, bewegten sie sich, in die Hände klatschend, hierhin und dorthin und wohin es ihnen einfiel, die Arme im Spiel und beim Gesang verschiedentlich bewegend und den Körper nach der Melodie wendend, indem sie tönende Zimbeln oder Becken mit den Händen zusammenschlugen und allerlei Scherze ausführten und in staunenswerter Weise darstellten. Und so boten sie und andere Gaukler den Zuschauern ein wunderbares Schauspiel dar.« (Richard von Cornwall wurde zugleich mit Alfons X. von Kastilien, Sohn der Beatrix von Hohenstaufen, 1257 zum deutschen König gewählt.)

Im Februar 1238 schenkte Isabella dem Kaiser den längst erwarteten Sohn, der nach dem englischen Großvater Heinrich genannt wurde. 1247 setzte der Kaiser den schönen und liebenswürdigen Sohn als Statthalter im Königreich Sizilien ein. Nach dem Tod des Vaters, dessen Testament ihm das Arelat oder Jerusalem zuwies, stand Heinrich an der Seite seiner Halbbrüder Manfred und Konrad IV. und starb wenige Monate vor Konrad IV. 1253/1254.

Bei der Geburt ihres dritten Kindes starb Isabella am 1. Dezember 1241 in Foggia. Sie wurde wie die zweite Gemahlin Friedrichs in der Krypta des Domes von Andria beigesetzt.

War es nur Zufall, daß kurze Zeit nach Isabella, am 10. Februar 1242, Heinrich (VII.) nach sieben Jahren Gefangenschaft starb? Er hatte bei der Überführung aus dem Kastell Nicastro nach dem von Martirano offenbar Selbstmord begangen. Wie bereits erwähnt, hatte Heinrich in seiner Jugend um Isabella geworben.

## *Bianca Lancia*
### *Vierte Gemahlin Kaiser Friedrichs II.*

Der nun schon dreimal verwitwete Kaiser Friedrich II. plante 1245 eine vierte Heirat, und zwar mit Gertrud, der Nichte des kinderlosen Herzogs Friedrich II. von Österreich und Steiermark. (Die Schwester des Herzogs, Margarete, war mit dem Sohn Friedrichs II., Heinrich [VII.], verheiratet gewesen.) Auch diese Heirat sollte eine politische Verbindung sein, denn Friedrich II. wollte zum staufischen Hausgut Österreich und die Steiermark als Übergang aus der Lombardei nach Deutschland erwerben. Herzog Friedrich II. starb 1246 kinderlos, wodurch das Haus Babenberg in der männlichen Linie erlosch. Doch Österreich besaß das privilegium minus, das Recht der weiblichen Nachfolge. Die Eheschließung zerschlug sich, Gertrud weigerte sich auf Betreiben des Papstes, den gebannten Kaiser zu heiraten. (Gertrud heiratete 1248 den Markgrafen Hermann VI. von Baden, der schon 1250 starb. Deren junger Sohn Friedrich zog mit Konradin nach Italien und wurde nach ihm hingerichtet.)

Vor dem Abschnitt über die vierte Ehe Kaiser Friedrichs II. steht ein Fragezeichen. Über diese, seine Geliebte oder auch Gattin, bewahrte Friedrich

Stillschweigen. Es mag beiderseits eine jener großen Lieben gewesen sein, wie sie in den Versepen jener Zeit oft besungen wurden.

Die drei Frauen, die Kaiser Friedrich bisher aus Staatsraison oder auf Drängen des Papstes geheiratet hatte und die er vor der Hochzeit nicht gesehen, standen ihm von vornherein fern, oder er entfremdete sich rasch von ihnen. Bianca Lancia, die durchweg als sehr schön beschrieben wird, hat er geliebt. Wir kennen weder das Jahr ihrer Geburt noch das ihres Todes.

Sie entstammt dem piemontesischen Geschlecht der Lancia, wohl durch die Mutter, die vor ihrer zweiten Ehe mit Bonifaz von Anglano mit einem Grafen Lancia vermählt gewesen war. Drei Lancia waren bereits Gefolgsleute Kaiser Friedrichs I. Barbarossas gewesen. Manfred I. Lancia il Vecchio (gestorben 1215) war Troubadour und verarmte durch Mißwirtschaft. Seine beiden Söhne Manfred II. (geboren um 1195) und Jordanus (Giordanino) (gestorben 1267) standen in der Gunst Kaiser Friedrichs II. und waren seine tüchtigen und getreuen Gefolgsleute. Der Kaiser nannte Manfred II., den Oheim Biancas, »fidelis noster«, vertraute ihm die Überführung seines gefangenen Sohnes Heinrich (VII.) aus Deutschland nach Italien an und machte ihn 1239 zum Statthalter über die Lombardei. Galvano Lancia, der Bruder Biancas, wurde unter Friedrich Generalvikar von Sizilien.

Ob Friedrich Bianca erst durch ihre Verwandten kennenlernte oder diese erst Biancas wegen an seinen Hof kamen, ist nicht feststellbar. Jedenfalls wirft das Verhältnis der Lancia zu Friedrich ein Licht auf das Verhältnis des Kaisers zu Bianca. Sie hielten den Staufern über den Tod des Kaisers und Manfreds, eines Sohnes Friedrichs und Biancas, die Treue und büßten dafür nach dem Tod Manfreds und nach der Hinrichtung Konradins mit ihrem Leben. Konrad Lancia kämpfte noch an der Seite Peters von Aragonien gegen Karl von Anjou und war an der Sizilianischen Vesper vom 30. März 1282 beteiligt, durch die der Herrschaft der Anjou über Sizilien ein Ende bereitet wurde.

Biancas Liebesverhältnis mit Kaiser Friedrich bestand schon vor der Verheiratung Friedrichs mit Isabella von England 1235, denn sie hatte bereits 1230 eine Tochter, Konstanze, zur Welt gebracht. Diese wurde Kaiserin von Byzanz und starb nach einem wechselvollen und leidgeprüften Leben erst 1307 in Valencia. Ihr wird ein besonderer Abschnitt gewidmet.

1232 wurde in Venosa der Lieblingssohn geboren, der nach den Verwandten Biancas Manfred genannt wurde. Er wurde 1266 in der für ihn verlorenen Schlacht von Benevent gegen Karl I. von Anjou getötet.

Wann und ob Friedrich Bianca geheiratet haben soll, wissen wir nicht; ob nach dem Tod Isabellas von England 1241 oder erst kurz vor ihrem oder seinem Tod. Die Trauung soll durch den dem Kaiser treu ergebenen Erzbischof Berard von Palermo vollzogen worden sein, der in den letzten Stunden des Kaisers anwesend war.

Friedrich hatte Bianca mit großen Ländereien ausgestattet, mit den Grafschaften Gravosa und Tricario, Monte Sciglioso und Monte Sant Angelo, das den Königinnen von Sizilien als Mitgift vorbehalten war.

Zwar war Manfred, der nach dem Tod des Kaisers eine so bedeutsame, schließlich unglückliche Rolle im Kampf um das staufische Erbe gegen Karl I. von Anjou spielte, unehelich geboren, wäre aber durch die nachträgliche Eheschließung Friedrichs mit Bianca legitimiert worden; weil die Mutter nicht königlichen Geblüts war, galt er nicht als voll ebenbürtig, konnte daher nach dem frühen Tod Konrads IV., dem Sohn und Nachfolger Kaiser Friedrichs, nicht als Nachfolger und Erbe gelten. Dieser war Konrads IV. Sohn Konradin (1252—1268), mit dem die Herrschaft der Staufer erlosch.

## *Margarete von Meißen*
### *Tochter Kaiser Friedrichs II.*

Unter den ehelichen Kindern Kaiser Friedrichs II. ist Margarete die einzige Tochter. Sie hatte weder Glück noch Stern, ihr trauriges und entehrtes Leben ist ein dunkler Klang im Untergang und Ende der Staufer.

Ihre Mutter ist Isabella von England, die dritte Gemahlin des Kaisers. Friedrich hatte sehnlich einen Sohn erwartet, doch im zweiten Jahr der Ehe 1236 wurde Margarete geboren.

Sie wurde zum Spielball im Kampf zwischen dem Kaiser und Papst Innozenz IV. Ihr Vater verlobte die Zweijährige 1237 mit Hermann II. Landgrafen von Thüringen (1222—1241), dem Sohn Ludwigs IV. von Thüringen, dem Neffen und Mündel Heinrich Raspes, dem späteren Gegenkönig Friedrichs II., obwohl der 15jährige Hermann bereits mit Helene, der Tochter Ottos von Braunschweig verlobt war. Heinrich Raspe, damals noch ein Anhänger des Kaisers, hatte in Thüringen die Macht an sich gerissen, der Kaiser wollte ihn durch die Verbindung seiner Tochter mit Heinrichs Neffen und Mündel enger an sich binden. Als Heinrich Raspe zum Papst übertrat, löste der Kaiser 1246 die Verlobung mit Hermann und verlobte Margarete mit dem Markgrafen Albrecht von Meißen (1240—1315), weil er dessen

Vater Heinrich den Erlauchten von Meißen (1215/1216—1288) an seiner Seite halten wollte. Die Vermählung fand 1254 oder 1255 statt. Anläßlich der Verlobung hatte der Papst Heinrich den Erlauchten von Meißen gewarnt, er möge seine Nachkommen nicht durch das entweihte, frevelhafte Blut des Kaisers beflecken (»inficere sanguine scelerato«). Der Papst hätte besser getan, dem Kaiser die Vermählung seiner Tochter mit dem Markgrafen von Meißen abzuraten.

Das Carmen satiricum des Nikolaus von Bibra nennt Margarete schön, makellos und fruchtbar.

Aus der Ehe gingen zwei Töchter und die Söhne Friedrich, Heinrich und Diezmann hervor.

Durch das außereheliche Verhältnis Albrechts von Meißen mit Kunigunde von Eisenberg steigerte sich die Abneigung gegen seine Frau zu Widerwillen. Er veranlaßte einen Diener, einen Eseltreiber, der täglich das Holz auf die Wartburg brachte, nachts als Teufel verkleidet in das Schlafgemach Margaretes einzudringen und sie zu erwürgen. Der Diener zögerte, den schändlichen Plan auszuführen, und als er sich auf das Drängen seines Herrn dennoch dazu anschickte, erbat er von Margarete Gnade und eröffnete ihr die Gefahr, in welcher sie schwebe und der sie sich nur durch die Flucht entziehen könne. Sie entschloß sich dazu, ging aber zuvor noch einmal zu ihren Kindern, um von ihnen Abschied zu nehmen. Der Schmerz bewegte sie so heftig, daß sie Friedrich küssend in die Wange biß. Er bekam den Beinamen »mit der gebissenen Wange«. (Hölderlin gedenkt seiner in einem Gedicht.)

Margarete, der Diener und zwei getreue Frauen ließen sich an Stricken von der Wartburg herab und entkamen. Margarete wanderte ohne Hilfe, von Angst und Sorge getrieben durch das Land, bis der Abt von Fulda sie aufnahm und nach Frankfurt bringen ließ. Im Angedenken an Margaretes kaiserlichen Vater behielten die Bürger die unglückliche Frau bis zu ihrem Tod im Jahr 1270. Der Erzbischof von Mainz ließ sie feierlich bestatten.

Albrecht von Meißen ging in die Geschichte unter dem Namen des Entarteten ein.

Margaretes Sohn Friedrich der Freidige (Tapfere) »mit der gebissenen Wange« wurde nach der Hinrichtung Konradins 1268 von den lombardischen Gibellinen aufgefordert, als Enkel Kaiser Friedrichs II. seine Ansprüche gegen Karl von Anjou geltend zu machen. Friedrich der Freidige war aber damals erst ein elfjähriger Knabe, dem dasselbe Schicksal drohte wie Konradin. Als Nachfolger des Vaters wurde er Markgraf von Meißen und Landgraf von Thüringen. Er war ein nüchterner und zielstrebiger Mann und muß sehr fromm gewesen sein. Von der Aufführung eines Mysterienspiels von den zehn Jungfrauen wurde er so ergriffen, daß er einen Schlaganfall erlitt, an dessen Folgen er 1323 im Alter von 66 Jahren starb.

## *Konstanze, Kaiserin von Byzanz*
### *Tochter Kaiser Friedrichs II.*

Über dem Leben Konstanzes, der Tochter Kaiser Friedrichs II. und der Bianca Lancia, steht die Frage, wie sie ihr langes und hartes Leben durchgestanden und überstanden hat. Es ist wie ein Wunder und zeugt für sie, daß sie in dem gefährlichen politischen Spiel und Gegenspiel und vom Strudel der Leidenschaften nicht verschlungen wurde.

In der Verkehrung der Idee und des Ziels der Kreuzzüge, Jerusalem und das Heilige Land zurückzugewinnen, wurde, zumeist von Franzosen, am 13. April 1204 Byzanz (Konstantinopel) erobert, rücksichtslos geplündert und erbarmungslos zerstört. An die Stelle des byzantinischen trat ein lateinisches (fränkisches) Kaiserreich unter Balduin I. Das neue Reich wurde französischen Fürsten und der römisch-katholischen Kirche unterstellt.

Inzwischen regierte Johann Dukas Vatatzes als griechischer Kaiser in Nikaia (Nicäa) – also eine Exilregierung –, mit der Absicht, Teile des alten Reiches, schließlich das ganze byzantinische Reich zurückzuerobern und dort die alten Verhältnisse wiederherzustellen.

Papst Innozenz IV. empfand es als Herausforderung der westlichen Christenheit und als Angriff auf das Papsttum und ihn selbst, daß Kaiser Friedrich II. seine Tochter Konstanze mit dem Schismatiker und Rom- und Papstfeind Johann Dukas Vatatzes 1244 verheiratete, sich also mit einem Ketzer verschwägerte. Das war dann einer der Gründe, derentwegen Friedrich II. auf dem Konzil von Lyon 1245 abgesetzt wurde.

Johann Dukas Vatatzes, dessen erste Frau Irene Laskaris 1241 gestorben war, war bei seiner zweiten Verheiratung 52 Jahre alt, Konstanze, die nach byzantinischem Brauch einen anderen Namen – Anna – annahm, vierzehn Jahre. Die Hochzeit wurde mit dem üblichen byzantinischen Prunk in Brussa gefeiert.

Die Ehe brachte nur ein kurzes Glück.

Im Gefolge, das Konstanze nach Nikaia begleitet hatte, befand sich ein bildhübsches Mädchen, das Vatatzes seiner Frau vorzog. Bald trug jene Marquise genannte junge Dame die kaiserlichen Insignien, die purpurnen Schuhe, purpurrot waren die Schabracke und die Zügel ihres Pferdes, und sie wurde vom Gefolge, das der Kaiserin zustand, begleitet. Konstanze wurde in den Hintergrund gedrängt. Dem wagte niemand zu widersprechen, denn die Marquise flößte Angst und Schrecken ein. Der sittenstrenge und dreiste Schriftsteller und spätere Abt Nykophoros Blemmydes nannte sie »Königin der Schamlosigkeit, Schandflecken der Welt, Ärgernis des Universums, tödliches Gift, wollüstiges Weib, Mänade, Hure«.

Der Vater Konstanzes unterhielt zu seinem Schwiegersohn die besten Beziehungen, als wüßte er von nichts oder wollte er von nichts wissen, nahm von Vatatzes geldliche und militärische Hilfe an, so daß sich im Heer Friedrichs griechische Truppen befanden, und belobigte Vatatzes wegen seiner Erfolge und Fortschritte im Kampf gegen die Lateiner.

Plötzlich trat ein, was als unmöglich gegolten. Der politische Wind schlug um. Der Papst kam in ein gutes Verhältnis mit dem ketzerischen Schismatiker Vatatzes und ließ die Lateiner im byzantinischen Reich fallen, wofür Vatatzes eine Wiedervereinigung der byzantinischen Kirche mit der römischen in Aussicht stellte. Friedrich II. konnte nur noch Vatatzes vor dem Papst als »Vater der Lüge« warnen. Durch die neuen Verhältnisse war Konstanzes Stellung bei Hofe vollkommen untergraben. 1255 wurde sie Witwe.

Der Nachfolger Theodor II. Laskaris, ein Sohn aus der ersten Ehe des Vatatzes, behandelte seine Stiefmutter, die ihm im Wege stand, nur noch als gefangene Geisel. Theodor regierte nur drei Jahre. Konstanze geriet nach so tiefen Demütigungen nun in die blutigen Thronwirren, aus denen Michael Palaiogolos als Kaiser von Byzanz hervorging.

Welches Schicksal sollte nun Konstanze erwarten? Michael Palaiologos eroberte 1261 Konstantinopel, vertrieb die Lateiner aus dem byzantinischen

Reich, und der Hof konnte aus Nikaia nach Konstantinopel zurückkehren. Auch Konstanze.

In jener Zeit schrieb ein Chronist über sie: »Sie schmückte ihr Dasein mit der Schönheit ihrer Tugenden, und die Keuschheit ihrer Sitten ließ die Anmut des Gesichts noch strahlender erscheinen.«

Der neue Kaiser Michael Palaiologos, der mit der vornehmen Theodora verheiratet war und drei Söhne hatte, verliebte sich in Konstanze und wollte sie zu seiner Gefährtin machen. Konstanze wies das Ansinnen entrüstet zurück. Der Kaiser versuchte die Scheidung von seiner Frau Theodora zu erreichen und trug seinen Wunsch im Staatsrat vor, doch der Patriarch von Konstantinopel, das Oberhaupt der byzantinischen Kirche, drohte dem Kaiser mit Bann und Exkommunikation. Davor schreckte Michael Palaiologos zurück.

In ihrer Heimat und bei ihren Verwandten konnte Konstanze keinen Halt und keine Hilfe mehr finden. Dort hatten sich inzwischen die Verhältnisse grundlegend verändert. 1250 war ihr kaiserlicher Vater gestorben, 1254 ihr Halbbruder König Konrad IV., ihr Bruder Manfred stand feindselig zum byzantinischen Kaiser, weil dieser die von Konrad IV. verbannten Lancias aufgenommen hatte. Die Lage Konstanzes war verzweifelt.

Der byzantinische General Alexios Strategopulos, der Wiedereroberer Konstantinopels, befand sich im Gewahrsam Manfreds. Er war dem Schwiegervater

Manfreds, dem Fürsten von Epirus, in die Hände gefallen und Manfred übersandt worden. Um mit Manfred in ein besseres Einvernehmen zu kommen, schlug Kaiser Michael Palaiologos einen Austausch des Generals gegen Konstanze vor. Er wurde vollzogen.

Konstanze, die so viele und schreckliche Thronwirren am byzantinischen Hof miterlebt hatte, kam daheim durch den Kampf ihres Bruders Manfred mit Karl von Anjou in nicht geringere Verwirrungen und Gefahren. Nach der Niederlage Manfreds von Benevent 1266 geriet der größte Teil ihrer Angehörigen und Verwandten in die unbarmherzigen Hände des Anjou. Konstanze entkam zu ihrer Nichte Konstanze, die mit Peter von Aragonien vermählt war.

Sie war der politischen Irrsal und kriegerischen Auseinandersetzungen, in die die Staufer in den folgenden Jahren noch verstrickt wurden, ledig, dem Leid der in der Gefangenschaft des Anjou jahrzehntelang hinsiechenden Verwandten war sie entgangen. Sie trat als Nonne ins Kloster der hl. Barbara in Valencia.

Dort starb sie 1307, nahezu achtzig Jahre alt. Sie ruht in Valencia, in der kleinen Kirche St. Johann vom Hospital, in der der hl. Barbara gewidmeten Kapelle. Die spanische Inschrift auf dem Holzsarg meldet, daß in ihm Donna Konstanze ruhe, Augusta Imperatrix von Griechenland.

## *Die außerehelichen Töchter Kaiser Friedrichs II.*

Bis auf Margarete, die Gemahlin Albrechts des Entarteten von Meißen, und ein frühverstorbenes Kind, dessen Name nicht bekannt ist, sind alle sechs bekannten Töchter Friedrichs II. außerehelichen Verbindungen entsprossen. Nicht von allen ist uns der Lebenslauf bekannt, bei den meisten ist auch die Mutter unbekannt oder doch unbestimmt.

Bekannt sind uns vier Geliebte Friedrichs. Das schwäbische Edelfräulein Adelheid, vermutlich die Mutter Enzios; Bianca Lancia, die Mutter Manfreds, mit der sich Friedrich später vermählt haben soll; Manna, die Nichte des Erzbischofs Berard von Messina; schließlich eine Nichte seiner zweiten Gemahlin Jolanthe. Vermutlich ist die Zahl der Geliebten Friedrichs größer.

»In den Frauen, denen der Kaiser außerhalb des festen Zirkels rechtmäßiger Ehen begegnete, fand er das menschliche Widerspiel, dessen ihn die gekrönten Gattinnen entbehren ließen, und vielleicht gar die beglückende Ergänzung zu seinem Selbst. Mag die Mehrzahl dieser Verbindungen nur von flüchtiger Dauer gewesen sein, so blieb doch entscheidend, daß der Kaiser sich diese Frauen frei nach Neigung und Lust und Laune wählte.« (Erich Maschke)

Der Kaiser hat seine außerehelichen Kinder keineswegs verborgen oder verleugnet oder gegenüber den ehelichen benachteiligt. Durch die Männer seiner außerehelichen Töchter gewann er Gefolgsleute, die er mit hohen Ämtern ausstattete, oder auch außenpolitische Beziehungen.

*

Die Mutter der Katharina von Marano (um 1220—1247) mag das schwäbische Edelfräulein Adelheid sein, die auch die Mutter Enzios war. Enzio bedachte sie, wohl als Schwester, in seinem Testament. Adelheid ist die einzige Deutsche, der Nachkommen Friedrichs entstammten. Katharina von Marano wurde mit dem genuesischen Markgrafen Jakob von Caretto verheiratet, der im Dienst des Kaisers, vor allem gegen Genua, stand.

*

Selvaggia (um 1223—1244) wurde die zweite Gemahlin des Ezzelino IV. von Romano (1194—1259), Herrn der Trevisaner Mark und Gefolgsmannes Friedrichs II. Bald nach dessen Sieg bei Cortenuova wurde die Hochzeit am 23. Mai 1238 durch ein acht Tage lang dauerndes prunkvolles Fest gefeiert. Ezzelino IV. war ein tollkühner und listiger Kriegsmann, von unerhörter Grausamkeit und Brutalität, der einem Cesare Borgia als Vorbild gedient haben könnte. Er war nach dem Tod Selvaggias noch zweimal verheiratet und nahm 1259, nach der Schlacht bei Kassano schwerverwundet gefangengenommen, ein schreckliches und qualvolles Ende.

Der Kaiser hatte seinem rücksichtslosen Schwiegersohn wichtige Ämter übertragen und ihn zum Generalvikar der ständig aufrührerischen Lombardei gemacht. Die Lombarden, so heißt es, fürchteten ihn mehr als den Teufel, denn ausgeklügelte Grausamkeiten zuzufügen, galt ihm als selbstverständlich. Er war klein und auf dem ganzen Körper schwarz behaart. Dante versetzt ihn in die Hölle, in einen Strom kochenden Blutes.

Als die Trevisaner den 65jährigen, nachdem er in der Schlacht bei Cassano 1259 mit einer Keule niedergeschlagen worden war, fingen, schonten sie ihn nicht. Er nahm ein solches Ende, wie er es selber vielen bereitet hatte.

Während der ersten Nacht seiner Gefangenschaft störte ihn Glockengeläut, und er befahl, den Priester zu töten. Darauf aufmerksam gemacht, daß er gefangen sei, fluchte und wütete er. Minoriten und Predigermönche forderten ihn auf zu beichten, zu bereuen und Buße zu tun. »Ich habe«, gab Ezzelino zur Antwort, »keine Sünde zu bereuen, als daß ich an meinen Feinden nicht genügend Rache nahm.« Er verweigerte Arznei und Nahrung, saß düster vor sich hinblickend, riß die Verbände von seinen Wunden, am Morgen des elften Tages fand man in tot auf dem Boden liegen.

Selvaggia war durch ihre Ehe in eine wahre Hölle geraten. Ihr Schwager Alberico trieb es noch schlimmer als ihr Gemahl, und er nahm ein noch schrecklicheres Ende.

*

Konstanze (1230—1307) entstammt der vorehelichen Beziehung Friedrichs II. zu Bianca Lancia und ist durch diese eine Schwester Manfreds. Sie heiratete 1244 gegen den Widerstand der Kurie an den griechischen Hof, den Kaiser Johannes Dukas Vatatzes von Nikaia (Nicäa). Über ihr langes, bewegtes und hartes Leben berichtet ein besonderer Abschnitt.

*

Violante gilt ebenfalls als Tochter der Bianca Lancia. Vor 1246 heiratete sie den Grafen Richard von Caserta (um 1220—1266), der vom Kaiser mit hohen Ämtern als General der Mark Ankona, Spoleto und Emelia, später als Kapitän von Sizilien bedacht wurde. 1246 deckte er die Verschwörung gegen Friedrich II. auf. Er war bei dessen Tod anwesend. In der Schlacht von Benevent fiel er von Manfred ab und trat zu Karl von Anjou über. Violante war schon vorher, um 1264, gestorben. — Der Sohn Konrad (Corrado), 1264 vermählt mit Katharina di Gabenna, blieb ein treuer Gefolgsmann Konradins und wurde mit seiner Frau bis 1304 von Karl I. von Anjou gefangengehalten.

*

Margarete wurde vor 1247 mit dem Grafen Thomas II. von Aquino, Grafen von Acerra (nach

1226—1273) vermählt. Er war Statthalter Friedrichs II. in der Romagna, wurde nach der Schlacht von Tagliacozzo gefangengenommen und zum Tode verurteilt. Margarete starb um 1297/8.

*

Blanchefleur, wohl die letzte außereheliche Tochter Friedrichs II., kam — auf welchem Weg ist unbekannt — nach Frankreich, in das Dominikanerinnenkloster Montargis (Auxerre), wo sie 1279 starb. Über ihrem Grab befindet sich die folgende französische Inschrift: »Hier ruht die ehrenwerte und hervorragende Dame Blanchefleur, die eine Tochter des Kaisers Friedrich war, die aus Liebe zu Gott und ihrer Jungfrauenschaft das Reich und alle ihre Verwandten verließ, nach Frankreich in dieses Haus kam, im Beginengewand bis ans Ende, sie starb am 20. Juni 1279.« Über dem Grabmal befindet sich ihr Bildnis. Sie hält in ihrer rechten Hand eine Palme, in der linken eine Tafel mit den lateinischen Worten des Verzichts auf weltliche Macht und alle irdischen Güter: »Regnum et omnem ornatum saeculi contempsi.« Ein zweiköpfiger Adler erinnert an ihre Herkunft.

*

Fügen wir an dieses Kapitel, das manche am liebsten ungeschrieben wüßten, ein Wort des Historikers Johannes von Müller (1752—1809): »Die Fehler eines großen Mannes wie Friedrich — und manchmal sind es Dinge, die nicht jedermann für

Fehler hält – sind so interessant wie alles übrige, weil sie zeigen, was alles in einem solchen Charakter sich zusammenfinden kann und kombinabel ist.«

## *Philippa von Maletta*
### *Enkelin Kaiser Friedrichs II.*

Das Leben Philippas, einer Enkelin Kaiser Friedrichs II., stand im Schatten ihres Vaters und Bruders. Ihrem schweren Leben und düsteren Ende kann nur ein Blatt mit einem Trauerrand gewidmet werden.

Sie — geboren um 1242 — ist die Tochter des dritten unehelichen Sohnes Kaiser Friedrichs II., Friedrich von Antiochien, dessen Mutter unbekannt blieb. Kaiser Friedrich II. hatte den Sohn mit hohen Ämtern als Generalvikar in der Mark Ancona und in der Toscana und als Podestà von Florenz bedacht. Auch nach dem Tod des Kaisers 1250 kämpfte Friedrich von Antiochien für die staufische Sache; sein Tod im Jahr 1256 entzog ihn der Rache Karls I. von Anjou. An äußeren Merkmalen erfahren wir nur, daß er lahm war. Er hat zarte und gefühlvolle Kanzonen gedichtet und war gegen die Feinde der Staufer erschreckend grausam.

Seine Frau, Philippas Mutter, war Margarete, eine Tochter des römischen Stadtsenators Johann von Poli, dessen Geschlecht sich noch durch Jahrhunderte erhalten hat. Auch Johann von Poli, Philippas Großvater, war ein Anhänger der Staufer gewesen.

Philippa wurde um 1258 mit dem Markgrafen Manfred II. von Maletta vermählt. Dieser, ein tüchtiger Kriegsmann und begabter Dichter, war mit Manfred, dem Sohn Friedrichs II., eng befreundet, verließ ihn nach dessen Tod, schloß sich aber dann wieder Konradin an.

Konrad, der Bruder Philippas, vermählt mit einer Tochter des Galvano Lancia, kämpfte noch unter seinem Halbvetter Konradin. Er entkam zweimal der Gefangenschaft des Karl von Anjou und trat nach der Sizilianischen Vesper in den Dienst Peters von Aragonien, der durch seine staufische Frau König von Sizilien geworden war. Zwei Söhne Konrads wurden nacheinander Bischöfe in Palermo. Konrad starb nach 1301.

Seine Schwester Philippa hatte für die Staufertreue ihres Vaters und Bruders zu büßen. Sie geriet in die Hände Karls I. von Anjou. Dieser wählte für seine Gefangene einen besonderen Ort aus, die Burg in dem Michaelsheiligtum auf dem altehrwürdigen Monte Gargano. Dort wurde sie bis zu ihrem Tod im Jahr 1273 gefangengehalten.

## *Margarete von Österreich*
### *Gemahlin König Heinrichs (VII.)*

Nur wenigen Frauen der staufischen Familie, ob ihr angehörend oder nur zugeheiratet, war ein glückliches oder auch nur ruhiges Leben gegönnt gewesen. Das Leben der Margarete von Babenberg wurde in doppelter Weise ruhelos, war sie doch die unglückliche Gattin zweier Könige, von denen der erste ein Staufer war.

So sehr es verlockt, Margaretes Leben nachzuzeichnen, zeigt sich die Schwierigkeit, dazu in der Lage zu sein. Das wenige, das über sie überliefert ist, reicht nicht zu einer inneren Biographie aus. Das Bild, das von ihr gezeichnet werden kann, gleicht den Überresten einer mittelalterlichen Wandmalerei, von der sich nur Bruchstücke des Umrisses erhalten haben. So bleibt auch die Frage ungelöst: War sie eine Frau der damals sich erneuernden Frömmigkeit, oder wirkte sie selbst an dem verhängnisvollen Geflecht machtpolitischer Bestrebungen mit?

Sie war, um 1204 geboren, die Tochter des Herzogs Leopold VI., des Glorreichen, von Österreich und der byzantinischen Prinzessin Theodora Kommenos. Ihr Bruder war Herzog Friedrich II. der

Streitbare, Nachfolger Leopolds VI., der 1230 gestorben war. Mit Herzog Friedrich II. erlosch, da er ohne männliche Erben war, das Babenbergische Geschlecht im Mannesstamm. Österreich mit Steiermark würde also nach seinem Tod als lediges Lehen ans Reich zurückfallen. Wie konnte eine Nachfolge über die Schwestern Margarete und Konstanze, die mit Heinrich dem Erlauchten von Meißen verheiratet war, gesichert werden?

Österreich war ein wichtiges Reichslehen, nach dem die Nachbarn, vor allem die Könige von Böhmen und Ungarn, die Hand ausstreckten. Kaiser Friedrich II. war darauf bedacht, Österreich für sein Geschlecht zu erwerben. Er brachte die eheliche Verbindung der Margarete von Babenberg mit seinem Sohn Heinrich (VII.), der 1222 zum König von Deutschland gekrönt worden war, zuwege. Sie war ein Werk der Staatsraison, die des Altersunterschiedes nicht achtete. Heinrich war 14, Margarete 21. Die Hochzeit wurde am 29. November 1225 mit großer Prachtentfaltung in Nürnberg gefeiert. Über Margarete schreibt ein Reimchronist: »Sie wart so einfaltic und guot.« War das nur eine übliche Redensart?

Die Hochzeitsfeier gestaltete sich turbulent. Wenige Tage vorher war der Erzbischof Engelbert I. von Köln, der Heinrich in Aachen gekrönt hatte und dessen umsichtiger Berater geworden war, einem Mord zum Opfer gefallen. Deswegen kam es während der Hochzeit zu so heftigen Auseinandersetzungen, daß unter dem schaulustigen Volk eine große Zahl Menschen getötet wurde.

Noch andere Schatten lagen über dieser Hochzeit.

Margarete war um sieben Jahre älter als Heinrich. Sie war bereits, als begehrtes Objekt der Ansprüche Böhmens auf Österreich, mit Přibislaw, einem Sohn Wenzels I. von Böhmen und der Kunigunde von Hohenstaufen, verlobt gewesen. Eine Eheschließung hatte Kaiser Friedrich II. verhindert.

Heinrich hatte sich um die Schwester des englischen Königs, Isabella, beworben, war aber abschlägig beschieden worden. (1235 sollte Isabella von England die dritte Gemahlin Kaiser Friedrichs II. werden, in Worms, während der vom Vater abgesetzte Heinrich gefangengehalten wurde. Der Altersunterschied zwischen Vater und Sohn betrug nur 16 Jahre.)

Die Ehe Heinrichs und Margaretes drohte zu zerbrechen. Heinrich strebte eine Scheidung an und hatte die Absicht, seine Jugendgeliebte Agnes, die Tochter König Ottokars I. von Böhmen, zu heiraten. Er mochte Agnes durch seine Tante Kunigunde, die mit dem böhmischen König Wenzel I. verheiratete Tochter Philipps von Schwaben, kennengelernt haben. Am Fürstentag in Ulm 1225 war Agnes als Gemahlin König Heinrichs vorgeschlagen worden, aber Kaiser Friedrich durchkreuzte dieses Vorhaben, weil er selbst sein Augenmerk auf Agnes gerichtet hatte. Agnes machte beiden Werbungen ein Ende; sie nahm den Schleier.

1231 befahl der Kaiser seinen Sohn auf den Hoftag von Ravenna, wo auch die Eheschwierigkeiten Heinrichs besprochen werden sollten. Heinrich erschien nicht.

Wie Margarete die verworrene Zeit, in welcher Heinrich sich gegen den Vater auflehnte, um in Deutschland nach seinem Willen zu regieren, durchlebte, wissen wir nicht. Heinrich war nicht nur ein streitbarer Rebell, sondern auch ein lebensfroher und musischer Mensch, eben ein Staufer, unter dem Kunst und Dichtung in Deutschland eine Blüte erlebten. Schon 1235 endete Margaretes Ehe, als Kaiser Friedrich II. seinen Sohn in Deutschland absetzte, als Gefangenen nach Italien bringen ließ und im apulischen Kastell Rocca San Felice festhielt. 1242 endete Heinrich als Gefangener des Vaters, wohl durch Selbstmord.

Nach dem Tod Heinrichs hielt sich Margarete bis 1245 am Hof ihres Schwiegervaters auf, zusammen mit ihren beiden Söhnen Heinrich, der als Knabe starb, und Friedrich, damals etwa 17jährig, der in die »familia« des Kaisers aufgenommen worden war und sich als Kriegsmann bewährte. 1245 ging Margarete, vom Schwiegervater beschenkt, nach Deutschland zurück, zunächst ins Katharinenkloster in Trier, dann ins St. Markus-Kloster nach Würzburg.

Die Nachrichten widersprechen einander: ob sie den Schleier genommen oder vom Papst daran gehindert wurde, denn sie war ein Pfand in seinen politischen Geschäften. Jedenfalls hatte sich die verwitwete Königin dem klösterlichen Leben ergeben, was nicht unbedingt für ihre Frömmigkeit sprechen muß; viele ledig gebliebene und in der Ehe gescheiterte oder verwitwete adelige Frauen zogen sich damals ins Kloster zurück, ohne das Ordensgelübde abzulegen. Ein blasses Licht auf diese Frage mag eine Episode werfen; Margarete schenkte den Dominikanerinnen im Kloster Weil bei Esslingen, die im Ruf mystisch verzückter Frömmigkeit standen, ein Drittel ihrer Königskrone. König Heinrich, der die aufblühenden Städte den Fürsten vorzog, war oft und gern in Esslingen, wo er einen Musenhof unterhalten haben soll, zu dem auch Provenzalen gehörten; Heinrich dichtete selbst. Damals schon mochte Margarete mit den Dominikanerinnen in Weil bekanntgeworden sein.

Der Tod ihres Bruders, des Herzogs Friedrich II. von Österreich, in der Schlacht an der Leitha gegen die Ungarn 1246, veranlaßte Margarete, das klösterliche Leben aufzugeben und nach Österreich zurückzukehren, um das Babenbergische Erbe zu sichern. Ein zeitgenössischer österreichischer Chronist schrieb in seine Annalen: »Österreich und Steiermark, gleichsam ein einziges Land, saß im Staube, traurig seufzend, seiner Fürsten und Erben beraubt.« Margarete fühlte sich als Erbin und Nachfolgerin, und sie urkundete als solche in Wien. (»Königin der Römer von Gottesgnaden« und »Wahrer Erbe des Landes«.) Sie hatte also das politische Geschäft in die Hand genommen. War sie dazu berechtigt?

Zwar war für Österreich die weibliche Nachfolge möglich, aber Margarete war nur die Schwester des letzten Herzogs. Ihre andere Schwester Konstanze war mit dem Markgrafen von Meißen vermählt, dessen Söhne ebenfalls Erbansprüche auf Österreich erhoben. Schließlich war da noch eine Nichte, Gertrud, die damals mit dem böhmischen Wladislaw vermählt war. Diese Ehe war schon im Hinblick auf Österreich geschlossen worden.

In dieser verworrenen Lage um das österreichische Erbe konnte nur der Kaiser das Machtwort sprechen. Es war nicht eindeutig. Einerseits bestimmte er Margaretes Sohn Friedrich als Nachfolger, andererseits gliederte er Österreich und die Steiermark unter den Generalkapitänen Herzog Otto von Bayern und Graf Meinhard von Görz in sein Südreich ein.

Die Frage löste sich von selber. 1250 starb Kaiser Friedrich II., ein Jahr nach ihm Margaretes Sohn Friedrich. Im selben Jahr hatte der böhmische König Ottokar II., von den österreichischen Herrn gerufen, trotz des Widerstands Ungarns, Österreich und die Steiermark an sich gebracht. Um dies zu legalisieren, die Ansprüche anderer Anwärter auf Österreich zunichte zu machen und seine Nachkommenschaft zu sichern, entschloß sich Ottokar, Margarete zu heiraten.

So begann das alte Spiel von neuem. Ottokar war 23 Jahre alt und in seiner Art und Erscheinung den Staufern verwandt; seine Mutter war eine Tochter Philipps von Schwaben. Er war der reichste und mächtigste Reichsfürst. Die Zeitgenossen nannten ihn den »goldenen« und den »eisernen«. Böhmen brachte er durch die Förderung der deutschen Kolonisation einen neuen Aufschwung.

Margarete aber war 46 Jahre, also doppelt so alt als Ottokar. Am 11. Februar 1252 fand mit festlichem Gepränge die Hochzeit des Jünglings mit der gealterten Frau in Hainburg statt.

Hatte Margarete um jeden Preis, auch den dieser Ehe, das Babenbergische Erbe retten wollen? War sie durch ihre erste Ehe nicht belehrt worden?

Der steirische Reimchronist läßt König Wenzel I. seinem Sohn Ottokar II. den Rat geben, er fände »z Wienen schone wîp, der minne so süezet, daz ir iu sanfte büezet, swaz ir habt gebresten dort«. Die erste Zeit nach der Vermählung blieb Margarete in Österreich, dann zog sie schon als Königin von Böhmen nach Prag, das ihr einen glänzenden Empfang bereitete.

Was erhofft worden war, blieb aus. Die Ehe blieb kinderlos. 1256 versuchte Ottokar beim Papst die

Scheidung zu erreichen. Vergeblich. Es heißt, Margarete habe ihrem Gatten vorgeworfen, er sei an der Kinderlosigkeit schuld, denn sie habe in der ersten Ehe zwei Söhne zur Welt gebracht. Da versuchte Ottokar eine andere Lösung. Er knüpfte mit einem Hoffräulein ein Liebesverhältnis an, aus dem ein Sohn und zwei Töchter hervorgingen. Jenes Fräulein trug die Haare wie ein Page kurz geschnitten, weswegen es die Prager, die mit Scherz- und Spottworten nie geizten, »palčeřík« nannten, was »Kurzhaar« bedeutet. Doch auch mit ihr kam Ottokar nicht ans Ziel seiner Wünsche. Die päpstliche Kurie legitimierte zwar die natürlichen Kinder des Königs, schloß sie aber von der Thronfolge aus. Ottokar, inzwischen Herrscher eines Reichs zwischen Ostsee und Adria geworden, fühlte sich mächtig genug, einen anderen Ausweg zu suchen.

Am 12. Juni 1260 hatte er Bela IV., den rivalisierenden König von Ungarn, bei Kroissenbrunn geschlagen. Am 18. November des folgenden Jahres heiratete er, um Frieden zwischen Böhmen und Ungarn zu stiften, Belas Nichte Kunigunde. Die Zustimmung zu dieser Ehe erwirkte er, ohne daß seine Ehe mit Margarete geschieden worden war, durch die Bischöfe von Prag und Olmütz. Bischof Johann von Prag und Bischof Bruno von Olmütz unterrichteten den Papst Urban IV. nur über die Gründe: Ottokar und Margarete seien im vierten Grad verwandt, Margarete habe in Trier ihr klösterliches

Gelübde, also auch das der Ehelosigkeit, abgelegt. Am 18. Oktober 1261 verließ Margarete Prag, zehn Tage später feierte Ottokar in Preßburg seine Hochzeit.

Margarete zog sich nach Österreich zurück und ließ sich in Krems nieder. »Sie ging zum zweiten Male ins Kloster, wenig von den Leuten geachtet, weil sie, um Heirat und Herrschaft willen, dem ersten Gelübde untreu geworden.« (Raumer)

Sie erlebte noch den kometenhaften Aufstieg Ottokars und seinen Trotz gegen den König, der nach der kaiserlosen Zeit gewählt worden war, Rudolf von Habsburg.

Margarete starb am 18. Oktober 1267, auf den Tag genau sechs Jahre, nachdem sie Prag verlassen hatte. Sie wurde in Stift Lilienfeld bei Sankt Pölten bestattet, das ihr Vater Leopold VI. gegründet hatte.

Elf Jahre später war auch Ottokar tot. Durch Verrat seiner Barone hatte er im Kampf gegen König Rudolf von Habsburg, der ihm die widerrechtlich erworbenen Reichländer abnehmen wollte, Schlacht und Leben bei Dürnkrut an der March verloren.

Wie weit Margarete der Handlungsweise und den Entschlüssen Ottokars zugestimmt hatte, wissen wir nicht. Es wird vermutet, sie habe schon das außereheliche Verhältnis, dann die Scheidung gebilligt. Dem würde der Bericht des steirischen Reimchronisten widersprechen, Margarete sei durch Gift aus dem Wege geräumt worden. Der Chronist des mährischen Klosters Saar bezeichnet Ottokar als den Veranlasser des Mordes.

In dem Drama Grillparzers »König Ottokars Glück und Ende« (1823) erscheint Margarete als eine der handelnden Personen.

Margaretes Nichte Gertrud, die in erster Ehe mit Wladislaw von Böhmen verheiratet gewesen war, verheiratete sich 1248 mit Hermann von Baden (gestorben 1250). Der Sohn aus dieser Ehe, Friedrich, zog 1267 mit Konradin nach Italien und teilte dessen Schicksal der Hinrichtung durch Karl von Anjou.

## *Helena von Epirus*
### *Zweite Gemahlin König Manfreds*

Ihr Name und ihr Heimatland erinnern an Griechisches. Sie wird als bewundernswert schön beschrieben. Ihre Herkunft und ihr Wesen tragen einen Glanz von Hellas, aber auch den Schatten antiker Tragik, von der sie am Ende des staufischen Geschlechts verschlungen wurde.

Auch ihr Name hängt mit ihrem Vaterland zusammen. Nach der Sage kam Äneas nach dem Fall von Troja auch nach Epirus; in Butrinto, dem alten Buthrotum, gegenüber der Phäakeninsel Korfu, ist in einer mächtigen Mauer das Tor zu sehen, durch das Äneas beim Besuch der schönen Helena geschritten sein soll.

Helena von Epirus landete, siebzehn Jahre alt, prunkvoll empfangen, am 2. Juni 1259 in Trani, wo die Vermählung mit Manfred, dem um zehn Jahre älteren Sohn Kaiser Friedrichs II., stattfand. Es war die zweite Verehelichung Manfreds.

Die Mutter Manfreds war Bianca Lancia, die Tochter des Bonifacio Lancia d'Agliano. Manfred war vor der vermutlichen Heirat Friedrichs II. mit Bianca Lancia geboren worden. Er galt als Lieblingssohn des Kaisers.

Manfred war wegen seiner körperlichen Schönheit und seiner großen geistigen Gaben geschätzt und geliebt; ihm hatte der Vater sein Falkenbuch gewidmet. Die zeitgenössischen Chronisten haben dem Gemahl der Helena von Epirus alle hohen Tugenden und alle bösen Laster zugeschrieben, je nachdem, ob sie Freunde oder Feinde der Staufer waren. Sein über die Zeit hinausreichendes Wissen und Handeln, verbunden mit der Vorliebe für ein festliches, durch die Künste, vor allem durch Dichtung und Musik verschöntes Leben, brachte ihm Verehrer und Verächter ein. Gervasio Riccolbaldi von Ferrara sagt von ihm, »er scheint allen mit Recht wegen seiner geistreichen Art auf allen Gebieten und wegen seiner Freundlichkeit gegen jedermann mit Titus, dem Sohn des Vespasian, vergleichbar zu sein«. (Titus wird von Sueton als »amor et deliciae generis humani« gerühmt.) Über das von einigen Chronisten gepriesene »Paradies, das durch Manfred wieder auf die Welt gekommen ist«, heißt es in den Monumenta Aquensia des Moriondus, man verehre in diesem Paradies eine Göttin und Herrin der Liebe und einen Gott der Eitelkeiten, um Männern und Mädchen alle Arten von Liebeslust zu lehren. (»Ibi erat Dea sive ministra amoris et quid dicebatur Deus vanitatum, qui docet homines et puellas ad omnes actus amoris.«) Das ist auch mit Bezug auf die Königin Helena gesagt. Dante, der ein Jahr vor dem Tod Manfreds geboren wurde (1265), beschreibt Manfred in der »Göttlichen Komödie« als »blond, schön und von ritterlicher Art«.

Manfred war der einzige Sohn Friedrichs II., der sich stets in der Nähe seines Vaters aufgehalten hatte und auch bei seinem Tod zugegen war; er hatte am meisten von des Vaters Lebensart und Lebensführung angenommen, doch scheint, daß, wie oft bei Nachkommen bedeutender Männer, schon etwas von der Festigkeit und Strenge, auch der Gespanntheit des Vaters verlorengegangen war.

Drei Jahre vor dem Tod des Vaters 1247 vermählte sich Manfred in erster Ehe mit Beatrix, der Tochter des Grafen Amadeus IV. von Savoyen, des italienischen Reichsvikars Friedrichs II. Beatrix war die Witwe nach dem Markgrafen von Saluzzo. Es war eine politische Heirat. Im Vertrag erhielt Manfred, der vom Vater schon zum Fürsten von Tarent erhoben worden war, das Land zwischen Genua, Pavia und den Alpen zugesprochen, die strategisch wichtige Verbindung zwischen Italien und Frankreich, und er wurde mit dem arelatischen Königreich belehnt. Beatrix starb 1257/58.

Als Manfred 1259 in zweiter Ehe Helena von Epirus heiratete, war er seit 1254 nach dem Tod seines Bruders Konrad IV., dem Nachfolger und Erben Friedrichs II., und, weil Konrads Sohn Konradin erst zwei Jahre alt war, in den Kampf mit Karl von Anjou I. um die Herrschaft der sizilischen Doppelmonarchie verstrickt. Karl von Anjou besiegte Manfred 1266 in der Schlacht bei Benevent; Manfred fand den Tod. Danach begann die Leidensgeschichte Helenas, die erst 1271 mit ihrem Tod in der Gefangenschaft des Anjou enden sollte.

Tochter des Königs von Epirus – diese Feststellung muß sich, um Helena in ihrem Lebensraum zu sehen, mit Anschauung und Inhalt füllen.

Epirus umfaßte die westliche Hälfte des nördlichen Griechenland zwischen den rauhen und unwirtlichen Gebirgen der Pinduskette und der freundlichen jonischen Küste, der die Insel Korfu vorgelagert ist. In Epirus entspringen die Flüsse, deren Namen Acheron und Kokytus den Griechen voll düsterem Beiklang waren, auch der thessalische Peneios; hier handelt Goethes Klassische Walpurgisnacht. Das Land, südlich von Illyrien gelegen, erlebte unter Griechen und Römern seine Blüte. Unweit des heutigen Valona lag die bedeutende Universitätsstadt Apollonia, deren Student der spätere Kaiser Augustus war. Später gehörte Epirus zum byzantinischen Reich. Nach der »lateinischen« Invasion des seltsamen vierten Kreuzzugs 1204, der sich mit der Eroberung und Zerstörung Konstantinopels begnügte, wurde das byzantinische Reich für vorwiegend französische Adelige in einige Fürstentümer aufgeteilt. Epirus, in dessen Bereich das heutige Albanien liegt, kam durch den letzten, 1204 ermordeten byzantinischen Kaiser der Kommenen, Alexios Angelos – er ist der Bruder Irenes, der Gattin König Philipps von Schwaben – als Despotat an Michael I. Angelos, den Vater der Helena. Ihre

Mutter ist die heiliggesprochene Theodora Petralypha. Helena wurde mit Geld und Landgütern reich ausgestattet. Manfred erhielt neben der Insel Korfu Durazzo, das alte Dyrrhachium, die Hauptstadt der ehemaligen epirischen provincia nova, einem wichtigen Stützpunkt für die Überfahrt von Griechenland nach Italien (Brindisi). Von Durazzo führte die Via Egnatia nach Byzanz.

Auch diese Ehe zwischen König Manfred und Helena von Epirus war für die Staufer, die stets ihr Augenmerk auf Byzanz gerichtet hatten, wichtig. Friedrich II. hatte deswegen auch die Vermählung seiner Tochter Konstanze mit dem Kaiser von Nikaia (Nicäa), Johann III. Dukas Vatatzes, in die Wege geleitet. Schon die Normannen hatten 1081 durch Robert Guiscard und seine Eroberung von Korfu und Durazzo das byzantinische Reich bedroht.

Im Gegensatz zu Friedrich II., der seine Ehefrauen vom geselligen und öffentlichen Leben fernhielt, stellte Manfred Helena in den Mittelpunkt auch des höfischen Lebens. Sogleich nach der Hochzeit führte er die junge schöne Gemahlin durch sein Königreich, und sie blieb der Schmuck seines jugendlich-heiteren Lebens.

Manfred ging keineswegs in einer solchen unbeschwerten Geselligkeit auf. Er, wie sein Vater vieler Sprachen kundig, widmete sich den Wissenschaften und den Schulen des Landes, seiner Vorliebe für den Hafenbau (Salerno, Manfredonia), den inneren und äußeren Staatsgeschäften, schließlich der Auseinandersetzung mit den Päpsten (Urban IV. und Klemens IV.), die im Verein mit dem nach Italien gerufenen Karl von Anjou – er war 1263 in Rom erschienen – den Untergang der Staufer herbeizuführen trachteten. Die Entscheidung fiel am 26. Februar 1266 durch die Schlacht bei Benevent; Manfred wurde besiegt und getötet.

Die Schreckensbotschaft erreichte Helena in der Sarazenenburg Lucera.

Die Schauplätze für die nun folgende Tragödie Helenas werden die mächtigen Räume der staufischen Kastelle Lucera, Trani, Lagopesole und Nocera.

Manfred hätte während der Schlacht sein Leben durch die Flucht retten können, sie aber verschmäht und sich in den schon verlorenen Kampf gestürzt. Nach zwei Tagen wurde das über das verschneite Schlachtfeld irrende Roß Manfreds erkannt, schließlich fand man auch den ausgeplünderten und selbst seiner Kleider beraubten Toten, zwei tödliche Wunden am Kopf und in der Brust. Über einen Esel gelegt, wurde der Tote vom Schlachtfeld gebracht, und ein Eseltreiber rief: »Wer kauft Manfred?« Weil Manfred gebannt war, ließ ihn Karl von Anjou nahe bei der Brücke über den Fluß Calore verscharren. Französische Ritter legten auf den Erdhügel Steine.

Als Helena aus der Ohnmacht, die sie bei der

Todesnachricht überwältigt hatte, erwachte, hatten die Hofleute und Diener sie aus Angst vor der Rache Karls von Anjou verlassen, nur ein Bürger aus Trani, Munaldu, und dessen Frau Amundilla, und ein Mann namens Amerusio nahmen sich ihrer an. Sie rieten zur Flucht. Helenas Heimat lag nicht fern und konnte von hier aus leicht erreicht werden. Noch war die Küste nicht von den Soldaten Karls von Anjou besetzt. Ein Mann mit Namen Lupone erklärte sich zur Überfahrt bereit und setzte seinen Segler instand.

Was konnte sich Helena von ihrer Flucht nach Epirus erwarten?

Korfu und Durazzo, die ihr Vater seinem Schwiegersohn abgetreten hatte, waren im Besitz der Erben Manfreds; sie kamen erst 1272 an das Haus Anjou. In Epirus selbst aber hatten sich die Herrschaftsverhältnisse geändert. Schon 1259 hatte Michael VIII. Paläologos den Vater Helenas entthront und Epirus in Besitz genommen; 1261 hatte er sich des kleinasiatischen Kaiserreichs Nicäa bemächtigt und dort Johannes III. Dukas Vatatzes gestürzt, der in zweiter Ehe mit einer natürlichen Tochter Friedrichs II., Konstanze, später Anna genannt, vermählt, also der Schwager Manfreds war. Manfreds Admiral Philippo Chinardo, der 1266 nach Epirus kam, um das Heiratsgut Helenas zu retten, wurde ermordet, und seine Söldner gingen zu Karl von Anjou über. Für die Staufer waren sowohl in Epirus wie in Nicäa die Verbindungen im Hinblick auf das byzantinische Reich abgebrochen. Nun war es Karl von Anjou, der Überwinder der Staufer, der deren Pläne mit Bezug auf Byzanz hegte.

Welche Hilfe konnte Helena also noch in ihrer Heimat erhoffen?

Die geplante Flucht war ein Schritt der Verzweiflung, um zu verhindern, mitsamt ihren vier Kindern in die schonungslosen Hände des Anjou zu geraten.

Nirgends konnte ihr Schlimmeres widerfahren. Vielleicht rechnete sie mit dem Haß Michaels VIII. Paläologos, der Epirus erobert hatte und Kaiser von Byzanz geworden war, gegen den Anjou.

Ihre Pläne und Erwägungen wurden zunichte, die Natur verschwor sich gegen ihre Flucht. Weil Gegenwind das Auslaufen des Seglers verhinderte, begab sich Helena in den Schutz des Burgvogts von Trani. Bettelmönche, die im Dienst Karls von Anjou das Land durchstreiften – sie waren schon die päpstlichen Spione gegen Friedrich II. gewesen –, spürten Helena in Trani auf und überredeten den Burgvogt zum Verrat. Am 6. März 1266 wurde Helena den Reitern Karls von Anjou ausgeliefert und in Trani in Gewahrsam gehalten. Noch waren die Kinder bei ihrer Mutter: die sechsjährige Beatrix, der vierjährige Heinrich (Enrico) und die noch jüngeren Friedrich (Federico) und Anzolino (Enzio). Die Stieftochter, Konstanze, war glücklicherweise außer Landes; sie war mit Peter von Aragonien verheiratet, der nach der Sizilianischen Vesper von 1282 eine wichtige Rolle gegen die Anjous spielen sollte.

Aus dem Kastell Trani, wo vor sieben Jahren ihre Hochzeit gefeiert worden war, wurde sie in den ersten Apriltagen, wohl schon ohne die Kinder, die sie nie wiedersehen sollte, nach Lagopesole vor Karl von Anjou gebracht.

Lagopesole ist der größte Wehrbau Friedrichs II.; mit seiner Errichtung war 1242 begonnen worden. Im besonders ausgeschmückten Westteil haben sich Friedrich II. und Manfred besonders gern aufgehalten. Lagopesole, an einem See gelegen, der zur Zeit der Anjou noch bestand, steht wie Castel del Monte auf einem Hügel und gewährt einen weiten Blick bis zum Monte Vulture, einem erloschenen Vulkan bei Venosa, dem Geburtsort des Horaz; der Monte Vulture ist auch von Castel del Monte aus sichtbar.

Hier also, wo Helena mit Manfred freudvolle Tage erlebt hatte, stand sie dem herzlosen Feind ihres Gemahls gegenüber. Karl von Anjou scheint – wir können das aus dem Briefwechsel mit dem Papst schließen – mit Helena für ihn vorteilhafte Heiratsabsichten erwogen zu haben, wie auch mit deren Tochter Beatrix, die er deshalb im milderen Gewahrsam auf Castel dell' Ovo bei Neapel hielt als deren Brüder auf Castel del Monte.

Karl von Anjou plante eine Heirat Helenas mit

seinem Vetter Don Arrigo (Heinrich), dem Bruder des Königs Alfons des Weisen von León und Kastilien. Die Mutter beider war eine Stauferin, Beatrix, die jüngste Tochter König Philipps von Schwaben und der Irene von Byzanz. Wegen dieser Verwandtschaft mit den Staufern war König Alfons der Weise 1257 zugleich mit Richard von Cornwall zum deutschen König gewählt worden. Karl von Anjou hatte gegenüber Don Arrigo, der den Anjou auf seinem Zug nach Italien unterstützt hatte, Schulden und uneingelöste Versprechungen. In den diesbezüglichen Verhandlungen Karls von Anjou mit dem Papst ist von einer Tochter des Königs von Epirus die Rede. Gemeint konnte nur Helena sein, denn der König von Epirus hatte neben Helena nur noch eine Tochter, Agnes, die mit dem Franzosen Geoffroy de Villehardouin, dem Fürsten von Achaja, verheiratet war.

Der Plan Karls von Anjou zerschlug sich, Don Arrigo gesellte sich zu Karls Feinden und kämpfte, von Tunis gekommen, mit seinen gefürchteten spanischen Reitern an der Seite Konradins bei Tagliacozzo. Don Arrigo war als Gefangener Karls von Anjou bis zu seiner Freilassung 1291 in Castel del Monte und starb 1304 in Kastilien. – Schließlich mochte der Plan Karls von Anjou am Widerstand Helenas gescheitert sein.

Für den März 1267 belegt ein Schreiben Karls von Anjou an den Burgvogt Radulfo de Faiello, daß

Helena auf der Burg Nocera gefangengehalten wurde.

Nocera liegt in der Terra di Lavoro zwischen Castellamare und Salerno. Das Kastell führte den Namen Castello in Parco.

Helena hatte einen Teil ihrer Dienerschaft und Habe behalten dürfen. Für den Haushalt wurden ihr jährlich vierzig Unzen Gold zur Verfügung gestellt, die einen bescheidenen Haushalt ermöglichten. Während ihrer Gefangenschaft mochte Helena von dem Zug ihres Neffen Konradin nach Italien, von seiner Niederlage bei Tagliacozzo und seiner Enthauptung im nahen Neapel gehört haben. Der Schmerz über das ungewisse Los ihrer Kinder mochte sie verzehrt haben. Sie starb nach fünfjähriger Gefangenschaft zwischen Ende Februar und Anfang März 1271 im 29. Lebensjahr. Ihr Grab kennen wir nicht.

Ihren Tod erfahren wir durch ein Reskript Karls von Anjou, das die Entlassung der Dienerschaft Helenas verfügt. Ein auf Befehl Karls aus demselben Jahr aufgenommenes Inventar des Burgvogts von Nocera, Enrico di Porta, zählt den Nachlaß auf: Schmuck, silbernes Tafelgeschirr, Teppiche, einen Schrank aus Elfenbein und Kleider aus Goldbrokat, aber »vetus et comsumptum«, alt und verbraucht – Rest ehemaliger Pracht.

Die Burg Nocera, auf welcher Helena starb, ist heute nur noch eine Ruine.

## *Konstanze, Königin von Aragonien*
### *Tochter aus der ersten Ehe Manfreds*

Manfred (1232—1266), der Lieblingssohn Kaiser Friedrichs II. und der Bianca Lancia, war zweimal verheiratet; in der ersten Ehe um 1248/49 mit Beatrix von Savoyen, Witwe nach Manfred III. von Saluzzo, in der zweiten Ehe 1258 mit Helena von Epirus. Der ersten Ehe entstammt die Tochter Konstanze, der zweiten die Tochter Beatrix, der das folgende Kapitel gewidmet ist, und die Söhne Friedrich, Heinrich und Ansolinus.

Konstanze (1249—1301) entging den Verfolgungen durch Karl von Anjou nach der Niederlage und dem Tod ihres Vaters in der Schlacht von Benevent 1266 dadurch, daß sie seit 1262 mit Peter III. König von Aragonien (gestorben 1285) verheiratet war. Dadurch wurde sie zur einzigen überlebenden und von Karl von Anjou nicht gefangengehaltenen Erbin des Königreichs Sizilien. Peter III. von Aragonien war mit den Staufern verwandt; die erste Gemahlin Kaiser Friedrichs II., Konstanze, war eine Schwester seines Großvaters Peter II. von Aragonien.

Der Gemahl der staufischen Konstanze wurde nach der Vertreibung der Franzosen durch die Sizilianische Vesper 1282 König von Sizilien. Er starb drei Jahre später. Seine und Konstanzes Söhne Jakob II. und Friedrich III. folgten bis 1337 als Könige von Sizilien nach.

Vor der Vermählung Konstanzes hatte Papst Urban IV., der einen neuen Aufstieg der Staufer befürchtete, in einem langen und drohenden Schreiben an Konstanzes künftigen Schwiegervater Jakob I. von Aragonien diesen vor der Verbindung seines Sohnes mit der Tochter Manfreds abgeraten. Nachdem Manfred weitläufig mit der Aufzählung aller seiner Untaten und Beschreibung seines schlechten Charakters dem König als Scheusal vor Augen geführt worden war, schloß das päpstliche Schreiben: »Und mit diesem Menschen wolltest du dich verbinden, uneingedenk der Macht deines Geschlechtes, der Hoheit deiner Vorfahren, uneingedenk deines eigenen Ruhmes und Rufes? Wird etwa dein Erstgeborener von allen Fürsten der Christenheit verachtet? Kann es ihm an einer würdigeren Gemahlin aus königlichem Geschlecht fehlen? Müßte es dich nicht bitter schmerzen, wenn dir von einer solchen Schwiegertochter Nachkommen geboren würden, welche deinem ganzen Hause, allen deinen Verwandten, am meisten aber dir zur Schande gereichten? Fern also, fern sei von dir eine solche Befleckung deiner Ehre, fern eine Entscheidung, welche den boshaften Gegner Gottes und der Kirche so sehr verstärken und dich unseren Feinden zugesellen würde!«

Das Verhalten und Leben der auf diese Weise Beschimpften mußten den Schreiber eines solchen Briefes beschämen. Konstanze wurde durch die religiös-spiritualistischen Strömungen am Hofe von Aragonien und aus dem franziskanischen Armutsideal der Zeit eine tief fromme Frau und eine Anhängerin des Papsttums, dem sich unterzuordnen sie ihrem jüngsten Sohn Friedrich, der den Namen des Großvaters trug, gebot. 1290 schickte sie, damals schon Königin von Sizilien, Schiffe nach Akkon, um den letzten christlichen Stützpunkt im Heiligen Land verteidigen zu helfen.

Ist ihre weltabgewandte und verzichtende Frömmigkeit die Ursache dafür, daß sie sich in keiner Weise für ihre gefangenen Halbgeschwister einsetzte? War sie bloß eine Frömmlerin geworden, wie von mancher Seite behauptet wird? Wer hatte schließlich das Sic transit gloria mundi, das Vanitas vanitatum so tief und schmerzlich erleben müssen wie sie?

Im Alter trat sie in Barcelona in ein Kloster ein, in welchem sie 1301 starb. Die Welt hatte sich für die, die noch am Hofe Kaiser Friedrichs II. geboren worden war, in ihren fünfzig Lebensjahren völlig verändert.

## *Beatrix, Markgräfin von Saluzzo*
### *Tochter aus der zweiten Ehe Manfreds*

Welches seltsame, der menschlichen Vernunft nicht ausdeutbare, bald tragische, bald komische Spiel die Geschichte mit ihren Hauptgestalten und Nebenfiguren treibt, wie wankelmütig und unberechenbar deren Verhalten in politisch bewegten Zeiten ist, dafür sind die beiden Töchter Manfreds, Konstanze und Beatrix, ein Beispiel.

Nach der Niederlage und dem Tod ihres Vaters König Manfred 1266 in der Schlacht von Benevent gegen Karl I. von Anjou, nach dem mißglückten Fluchtplan der Mutter Helena von Epirus und deren Gefangennahme wurden die sechsjährige Tochter Beatrix und die drei noch jüngeren Söhne Heinrich (Enrico), Friedrich und Ansolino (Enzio) von der Mutter getrennt. Sie sah ihre Kinder nie wieder.

In Beatrix glaubte Karl I. von Anjou ein Faustpfand zu besitzen, durch das mancherlei politische Vorteile zu gewinnen waren. Tatsächlich sollte Beatrix im Leben Karls von Anjou, allerdings nicht in dem von ihm erhofften Sinn, eine bedeutende Rolle spielen.

Das erste, was wir von Beatrix (geboren 1261/5) erfahren, ist, daß sie ein Jahr, nachdem ihre Mutter 1271 auf Nocera gestorben war, im Castel dell' Ovo festgehalten wurde. Dort blieb sie bis zu ihrer Befreiung im Jahr 1284. Castel dell' Ovo hieß damals San Salvatore a Mare. Es liegt nicht wie das Castel Nuovo unmittelbar an der Küste der Bucht von Neapel, sondern im Meer, und ist mit Neapel durch eine Brücke verbunden. Aus grauem Tuffstein auf einem Felsriff errichtet, liegt es düster im heiteren Meer der Bucht. Als Bauherrn vermutet man Lucullus. 1221 ließ Friedrich II. es erweitern.

Wegen seiner schönen Lage bevorzugte es Karl I. von Anjou als Lustschloß für sich und seine Familie. Die Zeiten waren nicht empfindsam. Das Ziel ihrer Männer war, Macht zu gewinnen und mit der Macht das Recht auf ihrer Seite zu haben. Unterlegene Gegner des Mächtigen wurden unerbittlich bestraft oder aus dem Weg geräumt. Nicht nur das Regiment Karls I. von Anjou war so. Friedrich II., von seinem Vater Heinrich VI. zu schweigen, hat nicht minder hart regiert. Der Unterschied zwischen dem Haus Anjou und den Staufern liegt auf einer anderen Ebene. Besiegte oder Gefangene wußten, daß sie derselben Macht unterlagen, die sie angestrebt hatten. Ihr Trachten ging dahin, zu überleben, um wieder die Macht zu gewinnen, aus der heraus sie strafen konnten. Die Entscheidung lag in den Händen Fortunas.

Karl I. von Anjou verwandte Castel dell' Ovo als Staatsgefängnis. Der Umstand, daß er das Kastell zugleich mit seinen Gefangenen bewohnte, gab ihm das Gefühl der Sicherheit, daß sie nicht befreit und entführt würden. Er hat sich in Castel dell'Ovo aufgehalten, während Beatrix, auch Konradin dessen Gefangene waren. Konradin wurde 1268 von hier aus zur Hinrichtung geführt.

Ob die achtjährige Beatrix schon damals auf Castel dell' Ovo war, wissen wir nicht, können es aber vermuten. Wir kennen einige ihrer Mitgefangenen. So die Tochter des Grafen Jordanus Lancia (Giordanino), eines Oheims König Manfreds. Die Großmutter der Beatrix war Bianca Lancia, die Geliebte und vielleicht spätere Gattin Friedrichs II. Jordanus Lancia hatte seinem Neffen Manfred die Treue bis zu dessen Tod bewahrt und war als Gefangener von Karl von Anjou nach der Schlacht von Benevent gerufen worden, um zu bezeugen, daß der seiner Kleider beraubte und durch die Verwundungen unkenntlich gewordene Tote tatsächlich Manfred sei. Jordanus Lancia war von Karl von Anjou als Gefangener nach Frankreich gebracht worden, konnte sich durch Überwältigung seiner Wächter befreien, wurde wieder eingefangen und hungerte sich, nachdem er geblendet worden war und ihm ein Fuß und eine Hand abgeschlagen worden waren, zu Tode. — Neben der Tochter des Jordanus Lancia wurde ein Mann in Castel dell' Ovo festgehalten, der sich als König Manfred ausgegeben hatte und 1273 aufgegriffen worden war; später wurde er auf Castel del Monte Mitgefangener der Söhne Manfreds.

Beatrix, noch ein Kind, wurde von einer Donzella, einer Dienerin, betreut. Zu ihrem Unterhalt erhielt sie zwei Goldtari täglich. Sie blieb bis 1284 auf Castel dell' Ovo gefangen, also von ihrem sechsten bis zu ihrem 24. Lebensjahr. Dann geriet sie in den Strudel der geschichtlichen Ereignisse, denen sie ihre Befreiung verdankt.

1282 empörten sich die Sizilianer gegen die harte Herrschaft Karls von Anjou und rächten sich nicht minder hart an den verhaßten Franzosen. Weil der Aufstand während der Vesper am zweiten Osterfeiertag, dem 30. März, in Palermo begann, wurde er die Sizilianische Vesper genannt. Die Sizilianer schüttelten das französische Joch der Anjous ab und wählten Peter von Aragon zu ihrem König. So verlor Karl I. von Anjou Sizilien, das auf dem Weg über das aragonische Königshaus wieder in staufischen Besitz kam.

Die Staufer waren schon mit den Aragoniern verwandt. Die Tochter Alfons II. von Aragonien, Konstanze, war, nach dem Tod ihres ersten Gatten Emrich von Ungarn, 1209 die erste Gattin Kaiser Friedrichs II. geworden. Richildis von Babenberg, eine Nichte Kaiser Friedrichs I. Barbarossas, war seit 1150 mit König Alfons VII. von León und Aragonien vermählt.

Bald nach der Sizilianischen Vesper brach der Kampf zwischen Peter III. von Sizilien und Karl I. von Anjou aus, der Sizilien zurückerobern wollte.

Die sizilianische Flotte erschien im Golf von Neapel.

»Es war am 5. Juni 1284, als die Sizilianer die große Seeschlacht im Angesicht von Neapel schlugen, unter dem Befehl des berühmten Admirals Ruggiero Loria. Karls von Anjou Tochter sah derselben von den Zinnen des Castel dell' Ovo zu, ängstlich des Ausgangs harrend; und nicht minder besorgt mochte die unglückliche Tochter Manfreds (Beatrix) der Entscheidung entgegengesehen haben. Jene Prinzessin sah die neapolitanische Flotte untergehen oder fliehen; ihr Bruder Karl ward gefangen; es kamen zwei sizilianische Galeeren vor das Kastell; der Admiral Ruggiero Loria forderte die unverzügliche Auslieferung der Tochter Manfreds und drohte, wenn sie verweigert werde, Karls von Anjou Sohn auf seinem Schiff enthaupten zu lassen. Die Gefangene wurde ausgeliefert. Nach achtzehn Jahren sah sie die Freiheit wieder; ihre ganze Jugend hatte sie im Gefängnis verlebt. Man führte sie im Triumph nach Messina, wo ihre Schwester Konstanze, Gemahlin Peters von Aragon, sie wie eine von den Toten Erstandene begrüßte.« (Gregorovius)

Beatrix, jetzt etwa 24 Jahre alt, von denen sie 18 Jahre in Gefangenschaft gelebt hatte, wurde nach ihrer Befreiung 1287 mit Manfred, dem Sohn des Markgrafen des im Piemontesischen gelegenen Saluzzo, vermählt. Sie starb 1307.

Die Frage stellte sich, warum 1284 nicht auch die

Brüder der Beatrix befreit wurden. Über ihr Schicksal entschied die Staatsraison. Die Söhne Manfreds waren nach dem Tod Konradins die rechtmäßigen Nachfolger und Erben der Staufer, und als solche hätten sie sowohl die Herrschaft der Aragonesen über Sizilien wie die der Anjou über Neapel gefährden können. So wäre für beide miteinander verfeindete Häuser die Freilassung der Söhne Manfreds eine Gefahr gewesen. Aber die Gefangenschaft des Sohnes Karls von Anjou läßt eine Milderung in der Behandlung der damals schon in Castel del Monte gefangenen Söhne Manfreds vermuten.

Aus Kummer über die Gefangenschaft seines Sohnes starb der verdüsterte Karl I. von Anjou am 7. Januar 1285 in Foggia. Sein Sohn Karl II. von Anjou konnte erst drei Jahre später die Nachfolge in Neapel antreten. Denn erst 1288 wird er von König Jakob, der seinem Vater Peter von Aragon auf den Thron von Sizilien gefolgt war, und auf Vermittlung des Königs von England freigelassen.

## *Elisabeth von Bayern*

### *Gemahlin Konrads IV., Mutter Konradins*

Konradin, geboren am 25. März 1252 zu Wolfstein bei Landshut, ist der Sohn König Konrads IV. und der Elisabeth von Bayern.

König Konrad IV. (1228—1254) stand seinem Vater, dem Kaiser Friedrich II., näher als sein erstgeborener Sohn Heinrich, der am Aufstand gegen den Vater zugrundegegangen war. Nach den Erfahrungen mit diesem Heinrich wurde die Erziehung Konrads vom Vater sorgsam überwacht und gelenkt. 1231 wurde Konrad an Stelle seines abgesetzten Halbbruders Heinrich (VII.) zum König gewählt. Bei dem Aufenthalt des Kaisers in Bayern 1235 verlobte er seinen siebenjährigen Sohn mit Elisabeth (geboren um 1227), der Tochter des Herzogs Otto II. des Erlauchten von Bayern, und der Agnes, Tochter Heinrichs I. Pfalzgrafen bei Rhein. Die Vermählung fand 1246 statt.

Konradin wurde das einzige Kind aus dieser Ehe. König Konrad IV., der seinen Sohn nie gesehen, starb schon zwei Jahre nach dessen Geburt.

Nach dem Tod Kaiser Friedrichs II. war er nach Italien gezogen, um das sizilische Erbreich zu retten, starb aber schon 1254, erst 26 Jahre alt, in Lavello unweit von Melfi an der Malaria und wurde im

Dom von Messina beigesetzt, der 1783 durch ein Erdbeben zerstört wurde.

Die neun Ehejahre Elisabeths mit Konrad IV. waren von den Unruhen der Kriege erfüllt, soweit ein Zusammenleben überhaupt möglich war. Nach dem Tod Konrads galt die Sorge ihrem Sohn Konradin und der Aufgabe, ihm das väterliche Erbe zu erhalten.

Elisabeth blieb, vor ihrem Fortzug nach Wasserburg am Inn, mit dem kleinen Konradin zunächst bei ihrem Bruder, dem Herzog Ludwig II., dem Strengen, von Bayern, der der Vormund Konradins war. Die Verhältnisse am Hof des Herzogs, eines jähen und zornigen Mannes, waren nicht erquicklich. Noch war die Ermordung König Philipps von Schwaben 1208 in Bamberg durch den Pfalzgrafen Otto von Wittelsbach in böser Erinnerung, als auch dessen Neffe, Herzog Ludwig, einen Mord beging, dessen Zeugen seine Schwester Elisabeth und wohl auch Konradin wurden.

Herzog Ludwig hatte 1254 Maria von Brabant geheiratet, die Tochter Herzog Heinrichs II. von Brabant und Marias, der Tochter König Philipps von Schwaben. Der Bericht über den »Gattenmord von Donauwörth« ist eine düstere Novelle.

Diese Maria von Brabant »lebte in jeglichem ihres Stands und Geschlechts würdig, der erste Schmuck eines Hofes, an dem sich so manche ehrenwerte Männer versammelten. Unter diesen zeichnete sich durch Tapferkeit und Gewandtheit in Worten und im Umgange aus, Ritter Rucho der Ottlinger. Mehrere Male spielte die Herzogin Schach mit ihm, was sein Zutrauen so erhöhte, daß er bat: sie möge ihn, gleich anderen ihrer näheren Diener, künftighin duzen und nicht mehr ihrzen, oder mit Ihr anreden. Die Herzogin aber schwieg und ließ es beim alten. Bald nachher zog ihr Gemahl ins Feld gen Augsburg und setzte sich so vielen Gefahren aus, daß Maria ihn, obgleich vergeblich, warnte. Da schrieb sie zu demselben Zwecke ein zweites Mal an den Herzog und gleichzeitig an den Ritter: er möge mit Fleiß dahin wirken, daß ihr Gemahl das Feld verlasse; dann wolle sie ihm auch die Bitte gewähren, um welche er sie so oft gebeten habe. – Statt des ersten kam durch Verwechslung dieser letzte Brief in die Hände Ludwigs, welcher (durch Verleumdung wahrscheinlich doppelt aufgeregt) die ihm unklaren Worte sogleich aufs ärgste mißdeutete, in sinnloser Wut den Boten niederstieß und Tag und Nacht reitend unerwartet am Abend des 18. Januars 1256 in Donauwörth anlangte, wo sich seine Gemahlin und seine Schwester, die Königin Elisabeth, aufhielten. Beide empfingen ihn mit ungeheuchelter Freude, er aber rief seiner Gemahlin entgegen: sie sei eine Verbrecherin und müsse sterben! – Diese, fast betäubt von Schreck und Schmerz, bat, wo nicht um Beweise so schwerer Anklage, doch um Frist, damit sie ihre Unschuld dartun könne. Allein weder ihre Bitten noch die dringende Fürsprache der Königin Elisabeth konnten den Herzog erweichen oder auch nur zur Besinnung bringen. Das Fräulein Eilika von Brennberg durchbohrte er — denn sie wisse um den Verrat — mit einem Messer; eine andere ließ er von der Mauer des Turms hinabstürzen, daß sie starb. Jetzo kam die Reihe an seine Gemahlin. Ungerührt durch die steigende Wehklage, durch ihr und der anderen lautes Flehen, durch die Schönheit der Unschuld, die sonst jedes schlafende Gewissen aufweckenden Mordtaten, beharrte er bei der satanischen Verstocktheit, welche er Gerechtigkeit nannte: Maria mußte niederknien und ein Wächter sie enthaupten! — Noch in dieser Nacht der Greuel und des Jammers, so erzählt man, erhielt der Herzog überzeugende Beweise von der Unschuld seiner Gemahlin: — da brach seine angebliche Kraft zusammen, und Mark und Bein wurden ihm durch Gewissensangst so furchtbar erschüttert, daß der erst siebenundzwanzigjährige braungelockte Mann am anderen Morgen, zum neuen Entsetzen aller, mit ganz ergrautem Haupthaare hervorging. — Als Zeichen der Reue erbaute Herzog Ludwig hierauf das Kloster Fürstenfeld.« (Raumer)

Dieser »Gattenmord von Donauwörth« wurde seit dem Minnesänger Stolle dem Jüngeren bis ins 19. Jahrhundert in einigen Gedichten und Dramen gestaltet. Weil sich in Berg bei Donauwörth ein Gasthaus »Zum Eisenhammer« befindet, wurde Schillers Eifersuchtsballade »Der Gang nach dem Eisenhammer« in Verbindung mit dem Gattenmord von Donauwörth gedeutet.

Es ist verständlich, daß die Mutter ihren Sohn diesem Vormund entzog. Er kam in die Obhut des Bischofs Eberhard von Konstanz, wo er eine glückliche Kindheit verlebte, eine vorzügliche Erziehung genoß und in den ritterlichen Übungen wie im Minnesang unterwiesen wurde. Der Bischof war ein streitbarer geistlicher Herr mit diplomatischem Geschick.

War schon Konradins Vater als schön wie Absalom beschrieben worden, übertraf ihn der Sohn noch an Anmut und Leibesschönheit, an Vornehmheit und Würde.

»In dem Jüngling Konradin endete das edelste Geschlecht, das je die deutsche Krone getragen. Wenig nur wissen die Zeitgenossen über die Persönlichkeit des Sohnes Konrads IV. und der Elisabeth, doch darin sind sich Deutsche und Italiener einig, seine jugendliche Schönheit zu preisen. Wenn er als sehr groß bezeichnet wurde, so weicht das Längenmaß überraschend ab von der überlieferten Mittelgröße der Staufer. Ob sich hier das Wittelsbacher Erbe der Mutter oder die Körpergröße des Urgroßvaters Johann von Brienne auswirkte, ist nicht zu entscheiden.« (Erich Maschke)

Elisabeth ging fünf Jahre nach dem Tod ihres ersten Gatten (Konradin war sieben Jahre alt) 1259 eine zweite Ehe mit Meinhard II. Grafen von Görz und Tirol ein. Konradin schien in jener Zeit in Konstanz geblieben zu sein – er soll später die nicht standesgemäße Ehe der Mutter mißbilligt haben.

Sie verteidigte hartnäckig das Recht ihres Sohnes als Nachfolger Konrads IV. gegen Manfred, der das sizilische Erbe der Staufer gegen den vom Papst nach Italien gerufenen Karl I. von Anjou behaupten wollte, sich aber selbst die Nachfolge anmaßte. Schließlich begnügte er sich damit, Statthalter für Konradin in Sizilien zu sein. Nach Manfreds Tod in der Schlacht von Benevent 1266 entschloß sich Konradin nach reger Tätigkeit in Deutschland selber nach Italien zu ziehen und um das staufische Südreich zu kämpfen. Nach einem glänzenden Hoftag in Augsburg 1266 legte Konradin seinen Zug nach Italien für den Spätsommer 1267 fest. Die Mutter riet dringend, er möge sich mit einem friedlichen und ruhigen Leben in seinem Herzogtum begnügen, der Vormund und Oheim riet zu dem Heerzug nach Italien. Um diesen ausrüsten zu können, mußte Konradin viele Hausgüter verpfänden. Besonders der Herzog von Bayern nahm ausgiebig in Pfand, unter der Bedingung, daß die verpfändeten Gebiete ihm zufallen sollten, falls Konradin kinderlos stürbe.

Am 22. August 1267 verabschiedete sich Konradin in Hohenschwangau von seiner Mutter.

In Schloß Tirol, wo Elisabeth nun lebte, mochte sie die Nachrichten über den glücklich verlaufenden Heereszug ihres Sohnes erhalten haben, über seinen festlich-freudigen, begeisterten Empfang in Rom – »allüberall Jubel und Lobgesang der Menge, die ihre Häupter mit Blumen und Laub bekränzt hatte« –, über das schlimme Ende der für Konradin schon gewonnenen Schlacht bei Tagliacozzo, in der schließlich Karl von Anjou siegte, die mißglückte Flucht, schließlich die Hinrichtung in Neapel am 29. Oktober 1268.

Die Berichte darüber, wohin der tote Konradin gebracht wurde, widersprechen einander. Einer lautet dahin, »daß Elisabeth nach Neapel eilte, kam aber zu spät und erhielt bloß die Erlaubnis, eine Kapelle über seinem Grabe zu bauen«. (Raumer) Dieser Bericht erscheint wenig glaubwürdig.

1272 ließ Elisabeth in Stams, zwischen Telfs und Mötz bei Innsbruck, an Stelle einer hölzernen Wallfahrtskapelle inmitten alter Eichenwälder, die Johannes dem Täufer geweiht war und von zwölf Mönchen betreut wurde, zum Gedenken an Konradin ein Kloster errichten.

Aus der zweiten Ehe Elisabeths gingen vier Söhne und zwei Töchter hervor.

Elisabeth starb 1273 auf der Burg Gojen über Meran, bevor das Kloster fertig war. Sie wurde zunächst auf Schloß Tirol bestattet, dann 1284 feierlich in Stams beigesetzt. An ihrer Seite wurde 1298 ihr Gemahl bestattet. Dort ruhen auch vier Kinder Meinhards und Elisabeths und deren Nachkommen.

Das Geläut einer Glocke und eine tägliche Totenmesse – so hatte es Elisabeth bestimmt – sollten dem Seelenheil Konradins dienen und das Gedächtnis an ihn bewahren.

## *Beatrix von Brabant*
### *Enkelin König Philipps von Schwaben, Gemahlin Heinrich Raspes*

In einem vorangegangenen Abschnitt wurde über Maria, eine der vier Töchter König Philipps von Schwaben und der Irene von Byzanz, und deren Ehe mit Heinrich II. von Brabant berichtet; auch über die unglückliche Tochter Maria aus dieser Ehe, mit dem Herzog Ludwig II., dem Strengen, dem Oheim Konradins, verheiratet. Nun sei unser Augenmerk auf Beatrix gerichtet, die zweite Tochter aus der Ehe der staufischen Maria mit Heinrich II. von Brabant.

»Die Menschen der mittelalterlichen Geschichte, die wir zu verstehen und zu beleben versuchen, ziehen meist an unseren Augen vorbei wie Schatten, von denen wir nur die Umrisse zu erkennen vermögen.« (Rudolf Malsch) Das gilt vor allem für die Frauen, gilt auch für Beatrix. Um so deutlicher erscheint uns der Hintergrund zu ihrem Leben. Dadurch, daß sie die Gattin Heinrich Raspes, Landgrafen von Thüringen wurde, geriet sie in die Wirren der beginnenden kaiserlosen Zeit.

Heinrich Raspe (der Rauhe, um 1204—1247) war der Sohn Hermanns I. Pfalzgrafen von Sachsen und Landgrafen von Thüringen, der durch den sagenhaften Sängerkrieg auf der Wartburg in der Erinnerung weiterlebt. Hermanns Mutter war eine Halbschwester Friedrichs I. Barbarossas, Jutta (Claricia). Durch seinen Bruder Ludwig den Heiligen war Heinrich Raspe der Schwager der hl. Elisabeth, die er aus der Wartburg verdrängte; und er maßte sich gegen seinen Neffen und sein Mündel Hermann II. die Herrschaft an. Er war ein Mann, hin- und hergerissen zwischen Machtsucht und Kirchenfrömmigkeit.

Heinrich Raspe war vor der Eheschließung mit Beatrix 1241 bereits zweimal verheiratet gewesen, mit Elisabeth der Tochter des Markgrafen Albrecht von Brandenburg, und Gertrud, der Tochter Herzog Leopolds VI. von Österreich.

Er lebte und regierte nach seinem Grundsatz: Für Kaiser und Papst. Als einer der getreuesten Anhänger Kaiser Friedrichs II., der ihm hohe Ämter im Reich anvertraute, war er einer der siebzig Fürsten auf dem Hoftag in Mainz 1235 und erlebte die Ehre, daß der Kaiser ein Jahr später an der Feier der Erhebung der Gebeine seiner Schwägerin, der hl. Elisabeth, teilnahm. Immer an der Seite der Staufer, stimmte er 1237 für die Wahl des Sohnes des Kaisers, Konrads, zu dessen Nachfolger.

Die päpstliche Bannung des Kaisers 1239 brachte den kirchentreuen Heinrich Raspe in einen Gewissenskonflikt. In dieser Zeit vermählte er sich 1241 in dritter Ehe mit der staufisch-brabantischen Beatrix. Er geriet unter den Einfluß von deren wankelmütigem Vater Heinrich II. von Brabant und des päpstlichen Agenten in Deutschland, des Archidiakons Albert Beham von Passau. Nun änderte sich sein Grundsatz in: Kaiser oder Papst. Durch die Absetzung Kaiser Friedrichs II. im Konzil von Lyon 1245 sah er sich gezwungen, sich für den Papst zu entscheiden und mit dem Kaiser zu brechen. 1246 wurde Heinrich Raspe in Veitshöchheim bei Würzburg zum Gegenkönig Friedrichs II. gewählt (»Pfaffenkönig«), obwohl Heinrich Raspe 1237 den Sohn des Kaisers, Konrad, zum König mitgewählt hatte. Gegen diesen, dem er das Herzogtum Schwaben absprach, richteten sich auch die kriegerischen Unternehmungen Heinrich Raspes. Zuerst erfolgreich, wurde er im Winterfeldzug 1247 durch Konrad gezwungen, die Belagerung von Ulm aufzugeben und sich krank nach Thüringen zurückzuziehen. Er stürzte vom Pferd und wurde auf die Wartburg gebracht.

Beatrix erlebte das schwere Sterben und den Tod ihres Gatten am 16. Februar 1247. Die Ehe hatte sechs Jahre gedauert. Heinrich Raspe war etwa 46 Jahre alt geworden. Seine drei Ehen waren kinderlos.

Die Reinhardsbrunner und Erfurter Chroniken geben eine Beschreibung seiner Bestattung. Winterstürme umbrausten die hohe Burg, als sich der Zug mit der Leiche des König-Landgrafen den Wartburgberg herabbewegte. Nur mit größter Anstrengung konnte der Sarg nach dem Katharinen-Kloster in Eisenach gebracht werden. Dort wollte Heinrich an der Seite seiner Eltern ruhen. Das Herz wurde im Dominikaner-Kloster beigesetzt.

Nur ein Jahr lang war Heinrich Raspe deutscher König gewesen. Die kurze Regierungszeit hinterließ keine Spuren. Beatrix überlebte ihn um 41 Jahre. Sie starb im hohen Alter 1288. Bittere Schicksale ihrer Verwandtschaft blieben ihr nicht erspart. 1256 wurde ihre Schwester Maria von ihrem Gemahl Ludwig II. Herzog von Bayern aus grundloser Eifersucht ermordet; sie erlebte auf der Wartburg die unglückliche und schmachvolle Ehe der Tochter Kaiser Friedrichs II., Margarete, mit dem Markgrafen Albrecht von Meißen, dessen Mordabsichten sich Margarete nur durch eine heimliche Flucht entziehen konnte. Sie überlebte Sturz und Ende ihrer staufischen Verwandtschaft um zwanzig Jahre.

## *Sophie von Meißen*
## *Gemahlin Konradins*

In einer am 24. Oktober 1266 in Augsburg ausgestellten Urkunde, durch die Konradin seinem Oheim Herzog Ludwig II. von Bayern verschiedene Besitzungen verpfändete, wird dieser für Ausgaben bei der Vermählung mit Sophie, der Tochter Dietrichs von Landsberg (Meißen), entschädigt. Die Ehe wurde im Herbst 1266 in Abwesenheit des vierzehnjährigen Konradin, in Anwesenheit einiger Fürsten und Grafen durch Ludwig von Bayern als Stellvertreter seines Mündels Konradin geschlossen. Sie soll nicht vollzogen worden sein, da Konradin die ihm angetraute Gattin nie gesehen hatte.

Sophie heiratete später den Herzog Konrad II. von Glogau und zog sich nach dessen Tod in das von ihrer Mutter gestiftete Kloster Weißenfels zurück, wo sie starb.

Der Vater Sophies ist der zweitälteste Sohn Heinrichs des Erlauchten von Thüringen (1218–1288). Der älteste Sohn Albrecht, der Entartete (1246–1315) war mit Margarete, einer Tochter Kaiser Friedrichs II., in sehr unglücklicher Ehe verheiratet. (In einem vorangehenden Abschnitt wurde über sie berichtet.)

Daß die Vermählung Konradins in Coburg stattgefunden haben soll, berichtet erst ein Schriftsteller aus dem 16. Jahrhundert (Wipacher). Für die vermutete Vermählung gibt es anderswo keine Hinweise. Bei Bartolomäus de Neocastro findet sich die Nachricht, Konradin habe Johannes Frangipani, in dessen Gewahrsam er auf seiner Flucht nach der Schlacht von Tagliacozzo im Hafen von Astura geraten war, versprochen, dessen Tochter zu heiraten, um nicht an Karl I. von Anjou ausgeliefert zu werden; diese Nachricht wurde und wird angezweifelt.

Weil Konradin vor seiner Hinrichtung nur der Mutter gedachte – »O Mutter, welches Leid bereite ich dir!« –, wurde die Eheschließung Konradins angezweifelt.

## *Die Frauen König Enzios*

Enzio (Heinrich) (um 1220—1272), der natürliche Sohn Kaiser Friedrichs II. und des nur dem Namen nach bekannten deutschen Edelfräuleins Adelheid, war eine so schöne und erfreuliche Erscheinung, daß selbst die Stauferfeinde ihm nicht feindselig sein konnten. Wegen seiner Anmut und Geschmeidigkeit bekam er den Kosenamen Falconello (junger Falke). Tapfer und unerschrocken, nahm er schon früh als bewährter Heerführer an den Kriegszügen teil und schlug einige bedeutsame Schlachten. 1241 gelang ihm bei der Felseninsel Meloria die Gefangennahme von drei päpstlichen Legaten und an die hundert Erzbischöfe und Bischöfe, die auf genuesischen Schiffen zum stauferfeindlichen Konzil in Rom gelangen wollten. Er, der hart und grausam gegen Feinde und Verräter sein konnte, war ein hervorragender Dichter gefühlvoller Kanzonen. Er herrschte im Auftrag des Vaters in der mittleren Lombardei, während im Nordosten der gefürchtete Ezzelino, ein Schwiegersohn des Kaisers, das Regiment innehatte.

Die Geschichte kennt und verzeichnet die Laufbahn des jungen kühnes Kriegsmannes zu Lande und zur See, seine Taten und Untaten; sein vielfaches Ehe- und Liebesleben bleibt undeutlich.

Auch diesem vom Vater sehr geliebten Sohn wurde die Gattin bestimmt, wobei wiederum politische und territoriale Interessen ausschlaggebend waren. Enzios erste, mehr als zehn Jahre ältere Frau war Adelasia, die Witwe und Erbin des Herrn von Torre und Gallura, zweier bedeutender Judikate der Insel Sardinien. Der Kaiser verlieh daraufhin Enzio den Titel eines Königs von Sizilien (Enzo Re). Die Ehe wurde im Oktober 1238 geschlossen, nachdem Enzio zum Ritter geschlagen worden war.

Der Papst, der die eigenen Interessen und die Genuas an Sardinien vertrat, widersprach der Heirat, die dem sizilischen Königreich eine Gebietserweiterung einbrachte, ja er verbot sie. Adelasia mochte mit dem Papst gegen die Staufer in Verbindung gestanden sein. Schließlich wurde die Ehe auf Drängen des Papstes wegen Ehebruchs des Gatten geschieden – derselbe Scheidungsgrund hätte sich für viele Ehen der großen Herren jener Zeit heranziehen lassen.

Anfang 1249, wenige Monate vor seiner Gefangennahme, heiratete Enzio zum zweiten Male, und zwar eine Nichte seines Schwagers Ezzelino da Romano.

Aus einer der beiden Ehen ist ein Sohn Heinrich bekannt; Enzio erwähnt ihn in seinem Testament nicht. Die Mutter von Enzios natürlicher Tochter Helena ist eine nicht weiter bekannte Frascha. Die beiden anderen außerehelichen Töchter Magdalena und Konstanze mögen in der Gefangenschaft gezeugt worden sein. Helena wurde mit dem Grafen Guelfo von Donoratico vermählt; von ihren drei Söhnen nennt Enzio in seinem Testament Heinrich und Ugolino als seine Erben in Sardinien. Der Graf Guelfo Donoratico war ein Gefolgsmann Peters III. von Aragonien, der nach der Sizilianischen Vesper König in Sizilien geworden war.

Kurze Zeit nach der zweiten Eheschließung geriet Enzio im Kampf gegen Bologna beim Bach Fossalto in Gefangenschaft. Die Bologneser hielten, trotz der Drohungen und hohen Angebote des Kaisers, ihr Wort: »König Enzius, jetzt erst 24 Jahre alt, soll bis zu seinem Tode im Gefängnis bleiben.«

Enzios Einzug als Gefangener in Bologna glich einem Triumph, die von seiner Schönheit und Jugend begeisterten Frauen jubelten ihm zu. Sie hatten später die Möglichkeit, ihn zu besuchen. Zwischen Enzio und Lucia Viadagola entspann sich ein Liebesverhältnis, mit dessen Kindern das Geschlecht der Bentivoglio (Ich will dir wohl) begründet wurde.

Enzios erste Frau Adelasia verheiratete sich nach der Scheidung mit Michele Zanchi, der zur Zeit Enzios Statthalter in Sardinien gewesen war. Er wurde von seinem Schwiegersohn Branca d'Oria ermordet. Dante hat ihn in seiner »Göttlichen Komödie« als Erzbetrüger in die Hölle verbannt.

Ein Fluchtversuch Enzios nach dem Untergang Konradins mißlang. Eine blonde Locke aus dem Spundloch des Fasses, in dem verborgen der riesengroße Küfer Filippo Enzio aus dem Palazzo di Podestà, seinem Gefängnis, heraustrug, soll ihn verraten haben.

Enzio starb etwa 50 Jahre alt, die halbe Lebenszeit war er gefangen. Er starb am 11. März 1272. Er wurde mit fürstlichen Ehren in Scharlach und mit Krone und Zepter in der Kirche des hl. Dominikus beigesetzt.

In seinem Testament vermachte Enzio seine fragwürdig gewordenen Besitzungen, darunter auch Sardinien, das längst in anderen Händen war, seinen Nachkommen, auch die Handschriften seiner Gedichte. Sie sind der Schwanengesang seines Geschlechts: Tempo vene ki sale ki discende ... Bald kommt die Zeit zu steigen, bald zu fallen.

## *Violante von Anjou*
### *Urenkelin Kaiser Friedrichs II.*

Wunderliches Nachspiel und Endspiel des staufischen Geschlechts!

Violante entstammte der Ehe zwischen Peter III. von Aragonien und Konstanze, einer Tochter König Manfreds. Nach der Sizilianischen Vesper 1282 war Peter von Aragonien auf Grund der Erbansprüche seiner staufischen Frau König von Sizilien geworden.

Es war wohl die Absicht der sehr frommen Mutter Violantes, zwischen den Häusern Anjou und Staufen endlich Frieden zu stiften. Eine gute Absicht, die aber zu keinem Ziel führte; überdies war es zu spät dazu.

Violante wurde mit dem Enkel Karls I. von Anjou, des unerbittlichen Feindes der Staufer, Robert von Anjou (1275—1343) verheiratet. Die Hochzeit wurde 1297 in Rom gefeiert.

Während des Jubels und Lärms des Hochzeits- und fragwürdigen Versöhnungsfestes gedachte niemand der letzten Staufer, der Söhne Manfreds, der Enkel des Kaisers, die seit ihrer Kindheit Gefangene der Anjous waren und blieben, zunächst im Castel del Monte, dann in Castel dell' Ovo in Neapel, wo nun ein mit einer Stauferin vermählter Anjou regierte. Im Castel dell' Ovo starb der letzte dieser gefangenen Söhne Manfreds, Heinrich (Enrico), erblindet, im Alter von 50 Jahren, 1318.

Robert von Anjou, König von Neapel und Graf von Provence, wurde 1309 mit seiner Gattin Violante vom Papst in Avignon gekrönt. Er konnte nach den mißglückten Romzügen König Heinrichs VII. von Luxemburg 1213 und König Ludwigs des Bayern seinen Machtbereich vor allem in Norditalien erweitern, auf die Dauer aber nicht erhalten; die wiederholten Versuche, Sizilien seinem Haus zurückzuerobern, scheiterten.

Aus der Ehe Roberts mit Violante ging nur ein Sohn hervor, Karl, Herzog von Kalabrien; er starb schon 1328, vor dem Tod des Vaters, in Neapel. Roberts Nachfolgerin wurde seine Enkelin Johanna I. (1316–1382). Durch sie und die Teilung der Linie Anjou in einen Zweig in Neapel, einen anderen in Ungarn, begann der Verfall des Geschlechtes. Johanna hatte den ersten ihrer vier Gatten, Andreas von Ungarn, erdrosseln lassen und wurde nach vierzigjähriger, wenig guter Regierung 1382 zu Muro selber erdrosselt.

Mit dem Hinweis auf eine Urenkelin Kaiser Friedrichs II. und auf deren Verbindung mit einem Anjou mag die Betrachtung über die staufischen Frauen schließen.

Kaiser Friedrich II. war auf eine zahlreiche Nachkommenschaft bedacht gewesen. Bekannt sind siebzehn eheliche und außereheliche Kinder des Kaisers. Seine Nachfolge schien gesichert. 1211 hatte er seinen Untertanen in Palermo glücklich die Geburt seines ersten Sohnes gemeldet: »Freuet euch mit mir! Denn sobald eine zahlreiche Nachkommenschaft von Kindern mich beglückt, könnt auch ihr nicht an dem größten und ärgsten aller Mängel, nicht an einem König Mangel leiden.«

Fünfzig Jahre nach dem Tod des Kaisers war sein Geschlecht erloschen.

# Die außerehelichen Söhne Friedrichs II.

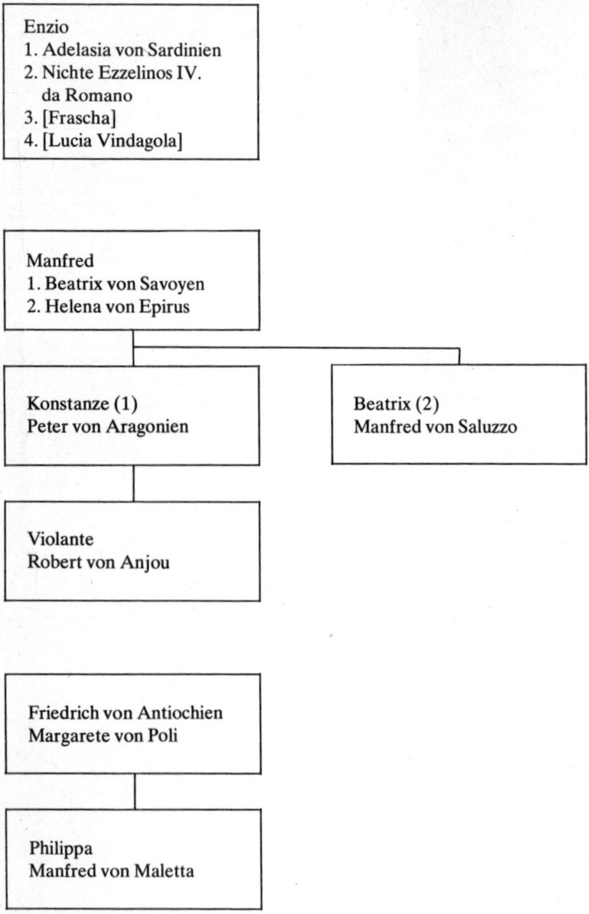